MANIFESTE

DE

LA NATION ESPAGNOLE

A L'EUROPE;

Suivi du Mémoire de S. Ex. M. DE CEVALLOS, contenant les Faits et les Trames qui ont préparé l'usurpation de la Couronne d'Espagne, et les moyens dont Buonaparte s'est servi pour la réaliser.

2.e ÉDITION CONFORME A CELLE DE 1809,

Augmentée de Notes de l'éditeur sur la Reine d'Etrurie, et de la Lettre de D. PALAFOX, au général français L....., qui le sommait de se soumettre au roi Joseph.

MANIFESTE

DE

LA NATION ESPAGNOLE

A L'EUROPE.

Nations, Peuples de l'Europe, Princes qui la gouvernez, hommes de bien de toutes les classses et de tous les états, la nation Epagnole (et en son nom la junte supreme à qui l'autorité a été confiée depuis l'injuste et perfide captivité de son Roi). va manifester à vos yeux la série des malheurs et des outrages qu'elle a soufferts : et en vous faisant une peinture fidèle de sa situation actuelle et de ses desseins, elle réclame avec confiance et votre compassion sur son infortune, et votre intérêt sur son sort futur.

L'univers est témoin de l'attachement constant que l'Espagne a eu pour la France, et de l'amitié non interrompue dont elle lui a donné des preuves pendant la durée d'un siècle. La guerre, la paix, les alliances, les

A 2

relations : tout était commun entre elles. Mais la France, à cause de sa prépondérance en Europe, et par suite de l'influence de ses Rois, en qualité de chefs de la famille, était celle qui déterminait les entreprises, qui dirigeait les mouvemens ; et par conséquent tous les avantages d'une semblable union étaient pour la France, sans que l'Espagne en retirât d'autre utilité et d'autre gloire que celle d'être le premier et le principal instrument de la puissance gigantesque de son alliée.

La révolution a rompu ces liens, et l'expulsion des Bourbons du trône de la France a détruit pour jamais ce pacte de famille. En de telles circonstances, d'autres vues, d'autres relations politiques, une autre attitude extérieure, convenaient à la monarchie espagnole, et Charles IV parut les adopter, quand en 1793 il se déclara contre la France, et réunit ses forces à la grande coalition de l'Europe. Mais l'influence arbitraire qu'avait déjà, sur nos délibérations, le favori qui nous a perdus, dirigeait malheureusement les opérations militaires dans le moment de la lutte, et nos transactions diplomatiques au moment de la paix. A une guerre désastreuse succéda une paix honteuse ; à cette paix honteuse, une alliance ruineuse et inégale : depuis lors jusqu'à ce moment, l'Espagne, attachée au char de la France, a été forcée d'en suivre servilement les violens et rapides mouvemens.

Ainsi tous les avantages étaient pour les Français : les produits de leur industrie, alimentée par nos trésors, se répandaient en Espagne et dans l'Amérique Espagnole : nos armées, nos ports, nos vaisseaux étaient devenus les leurs : on pouvait même dire que nos colonies leur appartenaient. Les rapports publics des deux puissances avaient amené la bonne foi et l'amitié entre leurs habitans. Toujours nous reçûmes les Français comme des frères : et dans leurs deux expéditions en Espagne, nos paysans se sont privés de pain, même au moment d'une extrême disette, pour en procurer à leurs troupes ; les femmes abandonnaient le lit où elles venaient de donner le jour à leurs enfans, pour le céder à leurs soldats. Que les Français conservent le souvenir de ces faits, aussi bien ceux à qui il reste quelque pudeur pour rougir, que ceux qui l'ont perdue, pour justifier les vues politiques de l'homme à qui ils ont confié leurs intérêts, et qui, afin de contenter la soif inaltérable de commander qui le tourmente, a privé pour toujours sa nation de tant de précieux avantages.

Quels sont ceux que l'Espagne a retirés de son alliance avant cette indigne rupture? Deux guerres maritimes également funestes ; nos escadres sacrifiées aux caprices de nos alliés ; nos colonies les plus importantes perdues ; le nerf principal de notre commerce coupé par l'interruption de nos relations avec l'Amérique ; la Louisiane cédée aux Français en échange de l'Etrurie, et vendue aussitôt par eux malgré la convention expresse et stipulée de ne jamais l'aliéner ; l'Etrurie, prix de cette cession et d'immenses sommes d'argent, arrachée enfin avec violence au prince qui la possedait ; un torrent d'or et d'argent qui coulait sans cesse d'Espagne en France pour appaiser l'insatiable avarice de ses gouvernans ; enfin l'inepte administration du favori, qui, soutenue et protégée par eux, est encore un des fruits amers produits par leur amitié.

Le principe constant et unique qui dirigeait notre cabinet dans ses opérations, était de ne pas mécontenter les Français. Le favori de Charles, qui les regardait toujours comme les exécuteurs futurs de sa ruine, sacrifiait tout à sa propre conservation, et il eut pour eux toute espèce de condescendance et de bassesse. Nos Princes méconnurent cette grande maxime, que la meilleure et la plus sûre défense contre les attaques d'un ambitieux, se trouve dans le respect et l'amour des peuples. De faux calculs en faux calculs, de cession en cession, ils marchaient d'eux-mêmes à leur perte, plongés dans une fatale léthargie, et ils fondaient encore toutes leurs espérances sur le perfide qui les trompait si indignement.

L'incendie funeste qui, dans le cours de ses ravages, avait dévoré l'Italie et la Hollande, bouleversé l'ordre politique de l'Allemagne et ruiné la Prusse, arrêté dans ses progrès par la paix de Tilsitt, rétrograda avec violence pour étendre sa fureur du côté de l'occident. L'occupation injuste du Portugal, et de prétendues expéditions en Afrique, furent le prétexte dont on se servit pour introduire des troupes françaises en Espagne; et l'offre d'une souveraineté dans ce royaume fut l'appât que l'on employa pour faire tomber le favori dans le piége qu'on lui tendait. On joignit à ces mesures l'affaire scandaleuse de l'Escurial, funeste effet de la division de la famille royale, que fomentaient les intrigues aussi basses que secrètes des Français. L'Espagne et l'Europe entendirent avec étonnement l'inculpation de parricide intentee publiquement par Charles IV contre son successeur, et un père réclamant le glaive de la justice contre les prétendus attentats de son fils ainé : mais l'Europe et l'Espagne refusèrent leur assentiment à une semblable calomnie et ne souillèrent pas du moindre soupçon l'innocence d'un prince vertueux. Depuis long-temps maltraité, persécuté, privé de l'amour et de la confiance de ses parens, son respect et son obéissance ne s'étaient jamais démentis : son véritable crime était d'être craint et abhorré du favori. Cet infâme n'osa consommer le crime ; et consterné du silence de reprobation qu'il remarqua dans tout brave et fidèle Espagnol, il abandonna son abominable projet et fit un pas de plus vers le précipice.

Pendant ce temps-là les troupes françaises entraient en Espagne ; et Napoléon qui voyait dans ces honteux débats la plus belle occasion d'exécuter ses projets, donna à ses généraux le signal pour agir. Les forteresses de Pampelune, Barcelonne et Figuières furent insidieusement occupées par des soldats que ces différentes villes avaient reçus comme des amis. A la nouvelle de cette infraction aux lois de l'hospitalité et de la confiance, tout le royaume fut alarmé, et le gouvernement en frémit : mais trop faible pour s'y opposer ouvertement, il fut obligé de se contenter des vains prétextes allégués par les Français, et il retomba dans son assoupissement. Les troupes s'approchaient de la capitale ; le mystère des desseins des Français, et l'affectation avec laquelle, dans les discours publics, ils honoraient la nation espagnole, sans faire la plus légère mention de ses Rois, augmentaient les inquiétudes et les craintes, détruisaient les espérances des moins clairvoyans, qui crurent, dans le principe, que l'on venait seulement pour détruire la tyrannie de Godoy. Mais celui-ci, enfin désabusé sur des intentions qui ne lui étaient pas favorables, disposa précipitamment le départ de la Cour pour l'Andalousie, afin de passer delà avec elle en Amérique.

Ce fut là le terme de la patience des Espagnols, qui virent bien qu'il n'y avait plus ni espoir à conserver, ni ménagemens à garder : abandonné par ses princes, sans gouvernement, sans protection, livré à la merci des étrangers et exposé au sort du Portugal, où les Français, reçus sans résistance, avaient fait les premiers essais de réforme en confisquant toutes les propriétés publiques et particulières, et en exigeant d'immenses contributions qui devaient servir de rançon, le peuple éleva la voix et ne voulut point consentir au départ de la famille royale. Dès-lors le favori retomba dans le néant d'où il n'aurait jamais dû sortir, et ses protecteurs, ne voulant pas ou ne sachant pas régner sans lui, abdiquèrent la couronne en faveur de leur héritier. FERDINAND VII fut solennellement et universellement proclamé et reconnu Roi par le peuple qui devait lui obéir : la nation se vit subitement passer de la mort à la vie; la confiance commença à régner dans tous les cœurs : la félicité et l'alégresse se manifestèrent de toutes parts. Personne ne peut mieux que les Français, s'ils voulaient être une fois sincères, rendre hommage à cette unanimité de sentimens, à cette joie universelle, à ces acclamations, à ces marques d'approbation vraiment nationales.

Un pareil changement n'interrompit cependant pas les relations politiques qui unissaient encore en apparence les deux nations, et les démarches publiques et secrètes du jeune monarque, depuis l'instant de son élévation, ne tendirent qu'à resserrer et consolider ces nœuds. Etant Prince des Asturies, il avait recherché l'amitié de Napoléon, imploré sa protection contre l'oppression où il se trouvait, et manifesté le désir de s'allier à sa famille. Devenu souverain de l'Espagne et des Indes, il fait profession des mêmes sentimens ; il députe une ambassade solennelle et extraordinaire à l'Empereur pour lui faire part de son élévation au trône, il renouvelle la demande d'une alliance ; informé que l'Empereur s'avançait vers l'Espagne, il envoie l'Infant son frère pour le complimenter ; enfin, il se met lui-même en route pour le recevoir, croyant le rencontrer en-deçà des limites de son royaume, ainsi que des émissaires trompeurs le lui avaient donné à penser.

L'homme le plus méchant et le plus féroce, pour peu qu'il eût conservé quelque reste d'humanité, aurait été désarmé par de telles démonstrations de confiance et d'amitié. Napoléon en profite pour suivre l'horrible trame de ses artifices, et l'innocent monarque, qui en a été la victime, se rend de Burgos à Vittoria, de Vittoria à la frontière, de la frontière à Bayonne, où il rencontre enfin son allié, qui, dès l'instant qu'il tient Ferdinand en son pouvoir, lui intime de renoncer à la couronne dont ses peuples ont environné son front. Pour vaincre la résistance du Prince Espagnol à une proposition si indigne,

Napoléon fait également conduire à Bayonne les Rois ses père et mère, qui, séduits par d'intrigues secrètes, avaient déjà réclamé contre leur abdication. Alors, prenant la défense des droits du père contre le fils, se prévalant du respect filial qui ne s'était jamais démenti dans le cœur vertueux de Ferdinand, et abusant de la triste position des uns et des autres, il oblige le fils à rendre la couronne à son père, et le père à y renoncer de nouveau en faveur de lui Napoléon.

Cependant quelle était la situation, quels étaient les sentimens du Peuple Espagnol, tandis que l'on préparait, que l'on exécutait cette scène honteuse et tyrannique, tandis que l'on violait les lois fondamentales de la monarchie et que l'on contrariait tous les vœux de la volonté nationale? Contenu dans les bornes d'une loyauté sans reproche et de son amour pour le bon ordre, tant qu'il eut quelque espoir que son Roi serait reconnu, il ne témoigna ni mécontentement ni inquiétude aux Français, qui, logés dans la capitale et ses environs, se servaient du nom de Ferdinand et du gouvernement établi par lui, pour jouir de la noble hospitalité et des égards que leur prodiguait la générosité espagnole. Mais lorsqu'il vit que le Roi, malgré les pro messes qu'il avait faites en partant, ne revenait point ; lorsqu'il entrevit les trames horribles que l'on ourdissait à Bayonne ; lorsqu'il vit circuler des papiers incendiaires pour décréditer l'heureuse révolution qui venait d'avoir lieu ; lorsqu'enfin il vit arracher du palais de leurs aïeux, les derniers restes de la famille royale, alors le mécontentement général éclata en plaintes et en larmes, et la fureur comprimée jusqu'alors manifesta une rupture inévitable.

Les Français profitèrent de cette disposition exaspérée des esprits, et ils préparèrent les mesures atroces qui accélérèrent l'événement mémorable du 2 mai. Impatiens de déployer l'étendard de la terreur; convaincus qu'en attérant la capitale, ils comprimeraient la nation entière, ils saisirent le premier prétexte que leur offrit un événement qui pouvait aisément se terminer par des voies pacifiques. Avides de sang et de tyrannie, ils firent feu à l'improviste sur le peuple qui ne leur avait pas encore fait le moindre mal, et leurs colonnes homicides se répandirent dans les rues pacifiques de Madrid. Les habitans indignes coururent aux armes, et se défendirent pied à pied, corps à corps : ils affrontèrent les plus épais bataillons, y portaient le désordre et savaient recevoir la mort avec plus de courage que n'en montraient leurs vils assassins, forts de leur discipline et de l'ensemble de leurs rangs. Le sang coulait, et la bourgeoisie, quoique très-inférieure en nombre, quoiqu'abandonnée de son gouvernement, n'étant ni soutenue ni dirigée par les militaires espagnols que les ordres les plus formels retenaient dans leurs quartiers, soutenait la lutte avec énergie, et dans quelques endroits avec avantage, lorsque des paroles de paix et de concorde, sorties de la bouche de ses magistrats, l'arrêtèrent et la désarmèrent.

Le combat cessa, et une scène d'horreur lui succéda : les barbares Français occupèrent militairement tous les postes de Madrid, et commencèrent à arrêter tous les citoyens qu'ils rencontraient avec des armes, ou portant des ustensiles qui en avaient l'apparence ; et ces infortunés furent fusillés dans la nuit et dans la matinée suivante, avec la plus grande barbarie, sans jugement préalable ni aucune forme de procédure, et cela à la vue de leurs foyers. Le silence terrible de cette nuit cruelle n'était interrompu que par le bruit de la mousqueterie, et par les gémissemens de ceux qui perdaient la vie : les bons Espagnols, comprimés, désarmés, ne pouvaient offrir à leurs frères ni protection ni vengeance.

Ce fut dans cette fatale journée que l'autorité suprême de l'état passa entre les mains des Français; et les renonciations de Bayonne, qui furent connues aussitôt, annoncèrent à la Monarchie que son sort devait désormais dépendre du caprice de Napoléon. Ce dernier céda la couronne espagnole à son frère Joseph: et pour revetir cet acte d'une autorité dérisoire, digne du charlatanisme français, on convoqua à Bayonne une junte composée d'Espagnols, les uns vendus, les autres faibles et d'aucune prépondérance, lesquels sans pouvoirs ni représentation publique, prêtèrent leur signature et leur approbation à de misérables pamphlets que Napoléon et ses secrétaires décorèrent du titre pompeux de constitution espagnole.

C'est ainsi qu'après avoir épuisé tout ce qu'il y a de vil dans la perfidie et d'odieux dans l'atrocité, ces sophistes impudens osaient parler de constitution, de lois et de réformes; et ne pouvant produire aucun titre, ni juste ni apparent, pour colorer leur usurpation, ils voulaient la légitimer en se donnant à eux-mêmes l'épithète pompeuse de nos restaurateurs. Mais une nation de douze millions d'ames n'a pas besoin de tuteurs. Et quels tuteurs, grand Dieu ! ceux mêmes qui, après s'être constitués défenseurs de tous les droits et de tous les principes, font parade de les fouler aux pieds au-dedans et au-dehors de la France ; ceux qui n'ont pas fait une loi qu'ils n'y aient dérogé, pas une constitution qu'ils ne l'aient détruite, pas un gouvernement qu'ils ne l'aient diffamé ou corrompu ; ceux qui, ayant commis et souffert des horreurs sans fin pour établir une liberté qu'ils ne surent jamais connaître, ont fini par se rendre les vils instrumens de l'ambition la plus insensée que le monde ait connue, depuis Tamerlan jusqu'à ce jour.

Le dernier chapitre de leur histoire, le dernier période de leur héroïsme, c'est de tromper un Roi bon qui, plein de confiance dans un sauf-conduit auquel les brigands même des déserts n'osent manquer, se livre entre leurs mains, et à l'instant est dépouillé de sa couronne, de sa liberté, et voit ses jours menacés. D'un autre côté, parce qu'un peuple qui aime son Roi ne consent pas à une usurpation aussi injuste, on donne tout-à-coup le signal de la boucherie, on se précipite comme des tigres sur des hôtes, sur des amis. Ce sont-là les individus d'une nation qui se dit policée !

policée ! Ce sont-là ceux qui se proclament les héros de l'Europe ! Ah! ce sont des bandits et non des guerriers, des monstres féroces et non des hommes : et l'équité et la justice autorisent tous les moyens de vengeance contre eux, ainsi que toutes les voies propres à les exterminer, quelqu'horribles, quelqu'inouïes qu'on les suppose.

La nation Espagnole, outragée ainsi dans la personne de ses Princes, trahie dans sa confiance, et si cruellement payée de l'hospitalité qu'elle avait donnée, éleva tout-à-coup un cri terrible, et tous ses peuples coururent aux armes pour défendre leur liberté et châtier des barbares. En vain les indignes fauteurs de l'usurpation étalaient aux yeux du peuple le pouvoir immense du tyran, la discipline de leurs troupes aguerries, et leur habileté sans égale dans l'art de détruire. Des hommes qui, aussi inhumainement outragés, calculent froidement les périls auxquels les expose la vengeance, sont ou lâches ou traîtres, et, dans tous les cas, des êtres vils. Mais, même dans cette circonstance, les calculs de l'égoïsme s'accordaient mal avec l'infamie de supporter le joug. Qu'importe, disaient les gens de bien, que, séduits par l'amour de la paix, nous dissimulions à présent, et nous recevions le joug qu'on nous présente ? Éviterons-nous par-là, d'être en proie à la rapacité de ces spoliateurs du globe, qui viennent piller les richesses qu'une paix intérieure d'un siècle a accumulées sur notre sol ? Éviterons-nous d'être les vassaux d'un roitelet subalterne, placé à notre tête, seulement pour nous communiquer les ordres du tyran ? Notre jeunesse enfin sera-t-elle exempte d'être conduite en d'autres pays pour piller et égorger des peuples qui ne nous ont fait aucun mal, comme nous voyons maintenant conduire les malheureux conscrits de l'Italie et de l'Allemagne ? Non..... Puisqu'un sacrifice de sang est absolument nécessaire, il vaut mieux l'offrir en holocauste à la patrie qu'à l'ambition d'un tyran : il vaut mieux lutter et mourir à la vue de nos foyers et de nos parens, sur les bords du Tage, du Guadalquivir et de l'Èbre, que d'aller ensanglanter les rives froides et lointaines de la Vistule et du Danube.

Cette résolution généreuse une fois prise, les provinces armées proclamèrent de nouveau le Roi auquel elles avaient juré d'obéir, et s'avancèrent à la rencontre des phalanges françaises qui se répandaient déjà par-tout. Rien ne put résister dans le principe à l'impétuosité Espagnole. Vingt-trois mille hommes,

la fleur des armées ennemies, commandés
par un de leurs meilleurs généraux, sont mis
en déroute dans les plaines de Baylen, et
forcés de se rendre prisonniers. Les murs de
Valence soutiennent le choc de Moncey, et
il est obligé de fuir en désordre vers le centre
de l'armée française qui se trouvait à Madrid.
Plus loin, les Catalans organisaient une insurrection courageuse, à la vue des ennemis qui
occupaient les forteresses de Figuières et de
Barcelonne. Manresa et Gironne sont l'écueil
des divisions envoyées de Barcelonne pour
les réduire. Saragosse enfin, ouverte de toutes
parts, sans autre défense que le courage de
ses habitans, résiste au courroux de Napoléon
qui, semblable à une divinité infernale,
lançait de Bayonne la désolation et le carnage
sur un peuple jusqu'alors pacifique, et dont
tout le crime était d'avoir été fidèle à son
Roi. Les bombes, les boulets, tout l'attirail
de la guerre envoyé contre les places assiégées,
sortait de nos arsenaux de Pampelune, et les
munitions fabriquées par nos mains pour
notre propre défense, vendues par des traîtres,
ou astucieusement enlevées, ô horreur! con-
tribuaient à notre destruction, et étaient di-
rigées contre des Espagnols. Mais les Arragonais, qui commencèrent à défendre leur

ville désarmée, quand les places d'armes se seraient rendues avec honneur, les Arragonais sauvèrent alors leur capitale, qui montre encore pour inscription de sa victoire les traces de sang dont ses rues furent souillées ; et pour trophées, les décombres de ses maisons.

Cependant, les Français repoussés sur tous les points, fuient honteusement et s'établissent sur les bords de l'Ebre. Là, appuyés par les places dont ils s'emparèrent dans le principe avec tant de perfidie, ils attendirent les renforts que Napoléon leur promettait ; et les ayant reçus, ils ont recommencé les hostilités dans l'espoir d'un meilleur succès. La nation Espagnole, étrangère par caractère et par principes au charlatanisme et à la fourberie française, ne dissimulera point à l'Europe qu'à cette seconde époque elle n'a pas été aussi favorisée de la fortune qu'à la première. Nos troupes ont payé leur tribut à l'inexpérience, et d'après les résultats des affaires de Espinesa, de Burgos et de Tudela, les ennemis parvinrent encore à reprendre la capitale. Les Français chantaient déjà victoire avec leur jactance ordinaire, comme si toute la monarchie se trouvait renfermée dans l'enceinte de Madrid ; et, si l'on devait ajouter foi à leurs bulletins imposteurs, toutes nos troupes se sont dissipées comme la fumée, et il ne reste plus à l'Espagne ni forces à opposer, ni autorité pour la gouverner, ni ressources auxquelles elle puisse recourir. Cependant jamais le gouvernement que la nation s'est choisi n'a trouvé plus de respect, plus de zèle, plus d'adhésion. A sa voix, les provinces ont redoublé leurs efforts; de nouvelles levées, de nouveaux dons, de nouveaux sacrifices sont venus dans l'instant combler le vide que ces revers avaient occasionné. Les Français, au lieu de triompher comme ils l'imaginaient, et de pouvoir se répandre impunément dans nos campagnes pour piller et dévaster, selon leur coutume, se voient entourés de nouvelles armées, contraints de se replier et de se réunir pour tenter le sort de nouveaux combats. Que le tyran se désabuse; quelques intrigues qu'il trame, quels que soient les avantages qu'il obtienne, jamais il ne nous enlèvera ni la haine de la domination française dont tout Espagnol est animé, ni la constance infatigable que nous mettrons à réparer les caprices de la fortune.

Telle a été l'origine de la guerre que les Français font en Espagne; guerre faite d'une manière barbare, sans explication préalable, sans préparation et sans le moindre prétexte;

guerre où, comme si nous, Espagnols. n'ap-
partenions à aucun peuple civilisé, l'on n'ob-
serve aucune des regles que le droit des gens
a établies parmi les nations policées. Aussi,
de notre côté. n'avons nous pas besoin de
recourir aux subtilités du droit public, ni aux
profonds calculs diplomatiques sur des articles
de traités, pour manifester au monde entier
la justice de notre cause. Le voyageur pai-
sible, qui voit son compagnon de voyage,
devenu assassin, l'attaquer en traître, a besoin
de peu de mots pour justifier sa défense : le
droit naturel la lui prescrit, l'instinct la lui
conseille, la fureur et la vengeance lui en
fournissent les moyens. Nous nous sommes
vus privés de nos Princes, menacés de perdre
nos lois et nos coutumes, attaqués dans nos
propres maisons : ceux mêmes qui y furent
reçus et traités en hôtes et en amis, les ont
souillées du sang de leurs habitans : ils les ont
profanées en violant les mères et les filles,
forcées de souffrir tous les excès de leur bru-
talité à la vue de leurs pères et de leurs époux
taillés en pieces. Les enfans étaient éventrés
par les baïonnettes, et portés en triomphe
comme des trophées militaires; le sanctuaire
des temples dépouillés par des mains sacri-
leges, était arrosé du sang des prêtres sans

défense, égorgés jusqu'aux pieds des autels. Outragés, assaillis d'une manière aussi inouie que barbare, nous restait-il d'autre parti à prendre que de nous défendre, vaincre ou mourir ? Il faudrait être encore plus vils que le tyran désirerait de nous voir, pour oublier ce que furent nos ancêtres , ce que nous sommes nous-mêmes : nous n'avons pas voulu dégénérer ni devenir la risée de l'Europe et les jouets de Napoléon.

Cet infâme , non content de fouler aux pieds par ses actions tous les principes de l'équité et de la justice, veut encore changer , selon son caprice , la signification des mots. Il nous qualifie d'insurgés , de rebelles , et d'après ce principe , il nous exclut des conférences qu'il a si artificieusement proposées à l'Angleterre pour la pacification générale. Mais sous quel prétexte ou par quel droit dépouille-t-il la nation Espagnole de sa représentation de puissance ? Est-ce en vertu des renonciations de Bayonne, arrachées par la force, et évidemment nulles ? Mais le projet de s'emparer et d'usurper le trône d'Espagne était irrévocablement résolu , et même exécuté en partie avant que les renonciations eussent lieu, et même avant les événemens mémorables de mars. Les pièces qui accompagnent ce mani-

feste, et dont la junte suprême du royaume a
les originaux en son pouvoir, le prouvent
jusqu'à l'évidence, et ravissent à nos ennemis
ce misérable subterfuge qu'ils n'ont inventé
que pour fasciner les yeux de ceux qui ont
l'imprudence de les écouter. Il n'y a que
l'audace et l'impudence du pouvoir et de la
fortune dans ceux qui ne reconnaissent d'autres
droits que la force, qui puissent appeler insurrection la résistance à une agression injuste,
et taxer de rebellion l'obéissance aux lois et
aux autorités de la patrie: mais personne en
Europe n'en a été la dupe, et il n'y a qu'un
insensé qui puisse ne pas reconnaître dans un
élan si universel et si magnanime, la volonté
d'une nation entière qui aspire à défendre son
honneur et son indépendance. Comment expliquer autrement ce phénomène politique
aussi extraordinaire que digne d'admiration,
qui fit mouvoir tant de provinces différentes,
presque le même jour, dans un même esprit,
par les mêmes voies, et sous une même forme
de gouvernement, et cela sans préparatifs,
sans aucune communication entr'elles? Comment expliquer l'établissement d'un gouvernement central auquel toutes se sont empressées
de se réunir, gouvernement qui exerce tran-
quillement l'autorité au nom du monarque

captif, et qui est également respecté et obéi dans les momens de détresse et de revers comme dans ceux de prospérité et de triomphe?

Vainement les Français, dans leurs journaux vendus au tyran, et dans leurs manifestes contradictoires, nous peignent livrés aux horreurs de l'anarchie, et agités par les convulsions fanatiques d'une liberté exaltée; ils nous crurent des esclaves vils et rampans, et ils trouvèrent des hommes, et ils osent nous donner l'infâme nom de révolutionnaires. Mais qu'ils sachent, ces éternels imposteurs, que les Espagnols ne respirent autre chose que l'amour de leur Roi et de leur patrie; que leur unique ambition est de conquérir la liberté de l'un et l'indépendance de l'autre; qu'ils n'ont d'autres intentions que de maintenir les lois fondamentales de leur monarchie que Napoléon veut insolemment renverser. Qu'ils sachent que nous ne sommes ni des frénétiques ni des insensés, et que comme nous avons su résister à l'esclavage honteux que l'on voulait nous imposer, nous saurons aussi apprécier à leur juste valeur les charlataneries politiques qui ont conduit la France de délire en délire jusqu'aux pieds de l'exécrable despote qui l'opprime.

Mais l'Espagne n'est pas la seule à qui il

importe de s'exposer à cette lutte terrible. Souverains de l'Europe outragés et vilipendés, peuples opprimés et tyrannisés par les Français, verrez-vous avec indifférence l'unique occasion qui vous est offerte de recouvrer votre puissance, de venger tant d'injures et de rétablir cet équilibre qui vous a coûté tant de combinaisons et tant de sang ? Le pouvoir gigantesque et les projets ambitieux de Charles-Quint et de son fils vous réunirent pour les arrêter, et vous réussîtes à entretenir la liberté politique qu'ils menaçaient. L'ambition fastueuse de Louis XIV, après un demi-siècle de triomphes et de victoires, fut enfin obligée de céder à l'énergie des autres nations coalisées contre lui seul. Un nouveau tyran plus terrible vous tient opprimés ; les uns ont été subjugués, et tous ont été outragés : ne renouvellerez-vous donc pas ces nobles efforts pour éloigner de vous et l'esclavage et les dangers qui vous menacent ?

Il y a quinze ans que l'ambition française agite et mine l'Italie. Devenue le théâtre d'une guerre sanglante, elle a vu disparaître tous les fruits de la longue paix dont elle avait joui : les monumens admirables que le génie des arts avait déposés sur son sol, lui ont été ravis pour assouvir l'orgueil d'un peuple qui ne sait pas les imiter; les limites et la balance de ses états différens ont été rompues et anéanties; enfin elle paraît destinée, comme nous, à être divisée en satrapies pour rassasier l'ambition, récompenser les iniquités et satisfaire au luxe effréné de ces dévastateurs du globe. Ecoutez, Italiens, la voix d'une nation avec laquelle vous eûtes, dans d'autres temps, des relations si intimes : rappelez-vous ces jours glorieux où nos étendards confondus et nos guerriers réunis aux vôtres, nous abaissions l'orgueil français sur les bords du Garellano et dans les plaines de Pavie. L'Espagne ne réclame point l'influence de pouvoir qu'elle eut alors sur vous. Elle vous invite solennellement à vous unir à elle et à conquérir votre liberté. Constituez-vous, comme il convient, pour vous faire respecter : soyez un nouveau rempart pour arrêter la marche du colosse, et l'Espagne, secondant vos efforts, bénira le jour où elle pourra vous saluer comme une nation indépendante, grande et puissante.

La Suisse a éprouvé les mêmes maux, les mêmes outrages et des pertes non moins grandes. La simplicité de ses mœurs et sa liberté suppléaient à la stérilité et à l'âpreté de son sol : heureuse par son indépendance et ses vertus, malgré la pénurie de ses moyens, elle n'avait rien à envier aux nations les plus puissantes et les plus opulentes. Le voisinage de la France l'a perdue; la guerre l'a ruinée comme l'Italie. Transformée en cantons de soldats, dépouillée des richesses que l'économie et l'industrie de ses habitans étaient parvenues à réunir dans quelques-unes de ses villes, en butte aux intrigues de la France et devenue son jouet, elle a vu ensuite bouleverser d'un seul coup les vénérables lois de sa confédération, que le temps et les hommes avaient respectées, pour recevoir des mains des Français une constitution à leur guise. Qu'importe ce vain nom de république que la condescendance du tyran lui permet encore de conserver? leur situation précaire ne laisse aux Suisses, pour maintenir le nom et l'indépendance Helvétique, d'autre moyen que de se réunir aux peuples qui aspirent à secouer la tyrannie de la France. Si leur pauvreté a pu jusqu'à ce jour les préserver d'être réduits en monarchie, et d'être livrés eu présent à un parent ou à un favori, du moins ils seront la proie de quelqu'audacieux qui voudra fouler aux pieds la liberté et la gloire que ses ancêtres n'ont achetées que par soixante batailles.

C'est aussi la seule ressource qui reste à la Hollande pour se soustraire à l'humiliation et à l'opprobre où elle se voit plongée, sans navigation, sans commerce, sans colonies, dépouillée de sa constitution et de ses lois, forcée d'obéir et de donner le titre de Roi à un homme sans puissance, sans talens et sans gloire, et il faut ou qu'elle consente lâchement à disparaître entièrement du monde politique, ou qu'elle recoure à une insurrection aussi juste que sacrée, à laquelle tout l'invite. L'Allemagne entière a vu, à force d'intrigues, son système fédératif bouleversé, ses libertés envahies, les entrepôts de son commerce pillés et saccagés, et ses peuples désolés par une guerre cruelle. Les petits états de cette partie du globe ont eu un moment de satisfaction, en voyant les grands abattus ; mais lorsque ceux-ci ont disparu, qui pourra sauver les premiers du néant où ils se précipitent ? Les barrières politiques qui existaient entre leurs intérêts et ceux de la France, sont déjà rompues par la monstrueuse Confédération du Rhin : et le chef de cette Confédération, plus oppresseur, plus puissant cent fois que l'ancien chef de l'Empire Germanique, réussira à rendre cette coalition, ce qu'est toute alliance entre le fort et le faible, et le contrat d'un tyran avec des esclaves.

Serait-il possible que l'Autriche indécise pût hésiter encore, et que les revers de la dernière guerre, enfantés par l'intrigue et la surprise, plutôt que par l'habileté et la valeur, puissent la faire sortir d'une arène où elle a combattu avec tant d'énergie et de gloire ? Elle a soutenu, pour la domination et pour l'honneur, trois guerres aussi longues que sanglantes, et elle n'entreprendrait pas de lutter quand il y va de son existence? Qu'elle se rappelle les menées perfides qu'employa Napoléon pour endormir la Prusse, tandis qu'il humiliait l'Autriche à Ulm et à Austerlitz : et comme il profita ensuite de l'inaction de l'Autriche pour anéantir la Prusse à Jéna. Il a fondé sa fortune sur la division de ces deux puissances, en réussissant à affaiblir l'une, détruire l'autre et se jouer de toutes les deux. Il est enfin temps de mettre un terme à ces rivalités fatales, et de reconnaître que la France, ennemie de toutes les nations, ne peut être contenue dans de justes bornes que par la coalition de toutes. Si l'Autriche veut venger les outrages qu'elle a reçus, se refaire de ses pertes et conserver sa vie politique, voici le moment d'y parvenir, tandis

que l'ennemi est obligé de porter ses regards
sur des points aussi éloignés. Unie autrefois
à l'Espagne, ces deux puissances arrêtaient
entr'elles la fougue d'une nation toujours
inquiète et ambitieuse. L'Espagne invite
aujourd'hui l'Autriche à une guerre contre
l'ennemi commun, et elle l'y invite avec
l'énergie, avec l'ardeur d'un peuple menacé
et mortellement outragé. Toutes deux lutte-
ront pour maintenir leur existence : si l'Espagne succombe l'Autriche est perdue.

La Russie, se confiant dans l'immensité et
l'éloignement de son territoire, peut en apparence exister libre de craintes, et traiter d'égal
à égal avec l'oppresseur des autres nations:
mais lorsqu'elle l'aura laissé s'agrandir des
dépouilles du reste du continent, lorsque son
indifférence et sa politique mal combinée
auront laissé se réunir dans une même main
toutes les forces de l'occident et du midi,
alors elle se verra contrainte d'ajouter aux
entraves qu'éprouvent déjà son commerce et
sa navigation, la honte et l'opprobre de
recevoir la loi que Napoléon voudra lui imposer. Celui-ci deviendra à la fin son ennemi,
parce que les rivaux en empire l'ont toujours
été. Que l'Empereur Alexandre ne se fie ni
aux promesses ni aux traités que l'on n'exécute

que quand on y trouve son intérêt, ni aux démonstrations d'amitié, lesquelles ne coûtent rien à un perfide. Qu'il contemple le sort de trois souverains qui ont été les meilleurs amis de cet homme pervers : que l'abaissement et la ruine du souverain Pontife qui consacra son exaltation, du roi de Prusse qui lui a donné de la prépondérance en Allemagne, et du roi d'Espagne qui a tout sacrifié à ses vues, servent de leçon et d'exemple aux imprudens qui auraient encore quelque foi à ses insidieuses caresses. L'Europe reconnaît dans Alexandre un cœur généreux et magnanime : comment un monarque qui a ces principes et ces qualités, peut-il s'entendre et s'allier avec un tyran aussi méchant, aussi féroce? Pourquoi se rendre complice de ses usurpations et de ses crimes? Pourquoi contribuer aujourd'hui, par son indifférence, à la destruction et à la ruine de la nation espagnole? Elle ne l'a nullement offensé : sa conservation est liée à la gloire et à l'intérêt de son empire, parce que la nature l'a destinée à être avec la Russie une des bases sur laquelle repose la voûte politique de l'équilibre de l'Europe.

Oui, souverains, oui, peuples du continent, votre salut est lié au nôtre, et la cause que

défend

défend l'Espagne est autant votre cause que la sienne. L'impudence que la France met dans ses spoliations, les violences qu'elle exerce ne laissent plus d'énigmes à deviner aux politiques, ni de problèmes à résoudre aux calculateurs. Ce grand système continental que les Français ont toujours à la bouche, se manifeste par leurs propres actions, et ne signifie rien autre chose que votre ruine. Déjà leur ambitieuse avidité a englouti l'Italie, la Hollande et la Suisse; ces états, ainsi que la Confédération du Rhin, sont déjà transformés en autant de provinces de l'Empire Français. C'est avec les forces de l'Espagne et du Portugal que la France médite de réaliser l'entière destruction de l'Autriche, et de décharger ensuite le poids énorme de l'Europe entière sur l'imprévoyant Alexandre, en le chassant pour toujours dans les déserts de la Tartarie. Ainsi, le plan abominable qu'a conçu son chef destructeur se réalisera complètement. Les antiques dynasties disparaîtront, et il régnera seul avec sa famille sur les nations subjuguées et divisées; une nouvelle féodalité, bien plus révoltante que l'ancienne, sera fondée sur l'anéantissement des lumières, de l'industrie et de la civilisation de trois siècles. Un seul homme aura la gloire d'avoir changé les destinées de la principale partie du globe. Qu'importe que les exécrables projets de sa tyrannie doivent coûter la dévastation de cent provinces livrées au fer et au feu dévastateur ? L'Europe doit être esclave ; il l'a décrété ainsi : et quand le nom de Napoléon, tracé par-tout en caractères de sang, annoncera aux hommes consternés leur misère et leur servitude, peut-être ce barbare se reposera-t-il enfin, satisfait d'avoir été pour les peuples de la terre, l'astre le plus sinistre de la désolation et de la mort.

Mais le temps n'est pas encore venu où il jouira de cette satisfaction aussi horrible que sanguinaire. L'Angleterre, rassurée par les avantages immenses que sa position, sa puissance et sa constitution lui fournissent, a bravé continuellement les convulsions frénétiques de l'ambition française et l'a contenue en partie. Les outrages sans exemples que l'Espagne a éprouvés ont à jamais rompu les étroits liens qui l'unissaient à la France, et ne permettent plus ni composition, ni trève. La guerre entre les deux nations sera éternelle, tant que notre souverain ne nous sera pas rendu et que notre indépendance ne sera pas reconnue. Le Portugal a des affronts presque aussi sanglans à venger ; et pour la première fois ses intérêts sont les mêmes que ceux de la Castille. Un prince courageux refuse fièrement dans le Nord le *vasselage* que le tyran exige de toutes les têtes couronnées, et soutient l'honneur et la liberté de la Suède dans une guerre injuste et révoltante que les artifices de Napoléon lui ont suscitée. Souverains de l'Europe, quel motif peut vous arrêter? Les circonstances vous invitent, l'occasion vous est offerte, le péril est urgent, votre intérêt est manifeste. Comment existez-vous ? Aux armes : que des bords de l'Escaut jusqu'au Tibre, depuis les rives de la Neva jusqu'au Gualdalquivir, il n'y ait qu'un élan, qu'une impulsion, qu'un même cri ; et que ce cri terrible soit : guerre aux Français. Seriez-vous arrêtés par la crainte ou par le désespoir d'un heureux succès ? Détrompez-vous : les Français ne sont ni invulnérables ni invincibles. Les plaines de Valence et de Saragosse, les hauteurs de Baylen attestent au ciel et à la Terre leur honte et leur défaite. Monarques et Peuples du Continent, sachez imiter notre constance et nos efforts, et le monde entier, menacé de devenir la proie d'un monstre, recouvrera enfin son indépendance et sa tranquillité.

Fait au Palais Royal du Château de Séville, le 1.ᵉʳ janvier 1809.

Signé MARTIN DE GAREY,

Secrétaire-général de la Junte Suprême.

A V I S.

LE gouvernement suprême d'Espagne conserve en son pouvoir les originaux des trois lettres suivantes du prince Murat au général Dupont, lesquelles ont été trouvées dans les papiers de ce dernier. Elles prouveront à l'Europe, 1.º que le plan de Napoléon fut, dès le premier instant, d'opérer une révolution politique dans le Royaume, et de changer la dynastie qui y régnait ; 2.º que pour y parvenir, son projet fut de s'emparer par trahison du prince des Asturies, du prince de la Paix et des autres principaux personnages qui étaient à la tête du gouvernement ; 3.º que tout ce que les Français ont publié relativement aux événemens du 2 mai, n'est qu'un tissu de faussetés, et que la satisfaction sauvage et féroce avec laquelle Murat parle du sang qui fut répandu à cette époque, prouve clairement qu'ils regardèrent cette boucherie comme une mesure nécessaire pour étouffer dans le peuple l'amour et la fidélité envers son souverain, et bien propre à cimenter leur usurpation. Tout ceci est antérieur à la farce abominable de Bayonne, et par conséquent tous les droits que s'attribue Bonaparte à la couronne d'Espagne, en vertu des renonciations forgées dans cette ville, sont révoltans et de toute nullité ; ainsi le prétexte illusoire sur lequel il fonde la guerre inhumaine qu'il nous fait, tombe de lui-même dans le néant.

Première Lettre à Monsieur le général DUPONT.

Monsieur le Général, mettez-vous en marche avec votre cavalerie, votre artillerie et vos deux premières divisions, de façon que vous arriviez le 19 à l'embranchement du chemin de Ségovie et de St-Ildefonse avec celui de Madrid, et vous attendrez dans cette position mes nouveaux ordres. Vous laisserez votre troisième division à Valladolid, pour observer le corps espagnol qui est en Galice. Il est urgent que le général que vous laisserez à Valladolid tâche de se procurer des renseignemens positifs sur les parages où se trouve ledit corps, et qu'il m'informe soigneusement de tout ce qu'il apprendra à ce sujet. Donnez-lui aussi l'ordre de faire continuer la fabrication du biscuit.

J'établirai mon quartier-général le 16 à Aranda, le 17 à Fresnillo-de-la-Fuente, enfin le 19 et le 20 je passerai les hauteurs de Somosierra. C'est sur ce point que vous devez diriger les nouvelles troupes que vous aurez reçues. Je n'ai pas besoin de vous recommander de marcher dans le meilleur ordre et de faire observer la discipline la plus sévère, ainsi que le respect des propriétés. Vous direz que les armées se portent sur Cadix et Gibraltar. Vous enverrez à Burgos, à Vittoria ou à Bayonne, pour se présenter à l'Empereur, tous les individus que la Cour d'Espagne pourrait vous envoyer, fût-ce le Prince de la Paix, et même le Prince des Asturies. Quoique s'ils arrivaient à votre armée, lorsque vous serez déjà en position, vous me les adresseriez par le chemin d'Aranda.

Le général espagnol Solano a abandonné la rive gauche du Tage, pour se porter sur Badajoz, où il doit être arrivé le 10. Envoyez-moi tous les renseignemens que vous pourrez vous procurer sur la marche ultérieure de ce corps.

Dans le cas où les troupes espagnoles qui sont à Valladolid, auraient reçu l'ordre de se diriger sur Madrid ou vers les provinces d'Estramadure et de la

Manche, demandez formellement la suspension de leur marche, jusqu'à ce que vous ayez reçu mes ordres, que vous assurerez devoir me demander. Vous tâcherez de persuader au gouvernement général que, devant parcourir ces provinces, il est nécessaire d'économiser toutes les ressources et de ne pas trop les surcharger de troupes.

Vous lui ferez aussi accroire que les armées de l'Empereur se portant sur Cadix et Gibraltar, la présence des troupes espagnoles est nécessaire dans la Vieille-Castille pour y maintenir l'ordre et la police.

Voici l'ordre dans lequel vous devez marcher.

A la tête de l'armée, la division de cavalerie avec les pièces d'artillerie légère.

Vous en donnerez trois à chaque brigade.

Votre première division aura douze pièces d'artillerie.

La seconde aura l'artillerie qui lui est déjà assignée.

Vous réunirez aussitôt ces trois divisions, et vous marcherez à la tête de votre première division d'infanterie.

Faites camper vos troupes par brigades et par échelons, de sorte qu'il n'y ait pas plus de quatre lieues de France depuis votre première brigade d'avant-garde, jusqu'à la dernière brigade de votre seconde division.

Chaque soldat doit porter cinquante cartouches, être bien vêtu, bien armé et pourvu de tout ce qui est nécessaire.

Vous devez conduire avec vous toutes sortes de vivres, au moins pour quinze jours de biscuit ou de pain frais ; vous ferez suivre des bœufs, afin que la viande ne vous manque pas durant ces quinze jours.

Dites-moi si les appointemens et la paye sont au courant jusqu'au 1.er mars.

Continuez à me donner tous les renseignemens que vous pourrez vous procurer. Il serait à propos de suspendre, sous un prétexte plausible, le départ des courriers que le capitaine-général, ou tout autre individu, pourrait expédier à Madrid, pour donner avis de la marche de vos troupes.

Je joins ici plusieurs exemplaires de l'ordre du jour que vous aurez soin de répandre dans le public, mais cependant sans affectation.

Informez-moi, par le retour du courrier, de votre marche et des endroits où vous comptez établir tous les soirs votre quartier-général, afin qu'en cas de besoin je puisse vous envoyer mes ordres.

Et sur ce, Monsieur le Général, je prie Dieu qu'il vous ait en sa sainte et digne garde. *Signé* JOACHIM.

Burgos, le 14 *mars* 1808.

Seconde Lettre au même.

Monsieur le Général, la tranquillité publique a été troublée dans la capitale ; depuis deux jours tous les discours et le grand nombre de paysans, introduits dans Madrid, nous annonçaient une crise. En effet, hier dès les huit heures du matin, la canaille de cette ville obstruait toutes les avenues du palais, ainsi que les cours. La reine d'Étrurie devait partir pour Bayonne : un aide-de-camp, que j'envoyais pour la complimenter, fut arrêté par la populace à une des portes du palais, et il aurait été assassiné sans un piquet de ma garde que j'envoyai pour le délivrer. Un second aide-de-camp, qui portait des ordres au général

Trouchy, fut assailli à coups de pierres. Alors on
battit la générale, et les troupes coururent sur les
points qu'elles avaient ordre d'occuper en cas d'alarme.
Plusieurs colonnes marchèrent contre différens rassem-
blemens : quelques coups de canon à mitraille les
dispersèrent, et tout est rentré dans l'ordre. Cinquante
paysans, pris les armes à la main, ont été fusillés
hier soir ; cinquante autres l'ont été ce matin. La
ville sera désarmée, et une proclamation va annoncer
que tout Espagnol à qui l'on trouvera quelque arme
que ce soit, sera considéré comme séditieux et fusillé.
Cette proclamation sera envoyée par le gouvernement
à tous les capitaines-généraux et à tous les officiers-
commandans les différens corps d'armée espagnole,
en les rendant responsables des événemens. L'ordre
du jour ci-joint sera envoyé en même temps que la proclamation. Au moyen de la bonne leçon que je viens de
donner, la tranquillité publique ne sera plus troublée.
J'ai appris qu'il y avait eu une alarme à Aranjuez,
dimanche au soir, à cause de quelques coups de fusil
tirés d'une maison, et j'ai donné ordre au général
Vedel de convoquer une commission militaire, et de
faire fusiller les paysans que l'on a trouvés en armes
dans la maison, laquelle doit être brûlée ou démolie.
Faites afficher mon ordre du jour à Tolède, à Aranjuez
et dans vos différens cantonnemens : ayez soin que
l'on distribue les différentes gazettes et les imprimés
qui y seront joints ; envoyez des officiers pour vous
informer des mouvemens de l'armée du général
Solano, et je suis convaincu qu'elle n'en fera pas un
seul dont vous ne soyez instruit. Déclarez publiquement que l'Empereur a fait notifier au Prince des
Asturies qu'il ne le regardait que comme Prince des

Asturies, que le vieux Roi et ce Prince ont choisi l'Empereur pour arbitre de leur différend, et que dans ce moment il doit être terminé. Témoignez à la noblesse et au clergé que la conservation de leurs priviléges dépendra de la conduite qu'ils tiendront vis-à-vis de l'Empereur et de ses troupes, et que l'intérêt de la nation espagnole est d'être constamment unie avec la France. Annoncez encore que l'Empereur se rend garant de l'intégrité et de l'indépendance de la monarchie espagnole.

Dans la journée d'hier il y eut au moins 1200 hommes de tués, soit de la populace, soit des bourgeois de Madrid ; et de notre côté nous n'avons eu que quelques centaines de blessés, et cela parce qu'ils s'étaient trouvés seuls dans les rues.

Sur ce, Monsieur le Comte, je prie Dieu qu'il vous ait en sa sainte et digne garde.

Signé JOACHIM.

Madrid, le 3 mai 1808.

Troisième Lettre au même.

Monsieur le Général, je vous ai mandé le 3, l'événement du 2. Comme je l'avais prévu, et comme je vous l'avais annoncé, la leçon que j'ai donnée aux rebelles de Madrid a produit des résultats décisifs. Les partisans de Ferdinand, battus et complètement déconcertés ont capitulé. La consternation et une entière résignation ont remplacé l'orgueil farouche des Castillans. L'enthousiasme a disparu ; tous les Espagnols ont ouvert les yeux sur leurs véritables intérêts. Abandonnés de leur roi, ils implorent tous aujourd'hui la clémence de l'Empereur et sa protection, lui demandant un roi de sa famille. J'espère que le roi de Naples, si généralement estimé de toute l'Europe, régnera en Espagne.

La junte du gouvernement, après avoir rempli ses devoirs de fidélité et d'attachement envers ses souverains, se trouvant dans des circonstances extra-ordinaires, réduite à ne pouvoir plus recevoir d'ordres ni de décisions de ses princes qui sont à Bayonne, redoutant enfin la répétition de l'événement funeste du 2 mai, vient de me supplier de me charger de la présidence ; ce que j'ai bien voulu lui accorder. Je joins ici une copie de sa délibération à ce sujet. Je vous envoie également une copie de ma circu-laire aux différens capitaines généraux, aux généraux Espagnols, commandans de province et des différens corps d'armée. Ne manquez pas de dire aux officiers qui se trouvent dans vos environs qu'ils trouveront, sous la nouvelle dynastie, la considération que l'ancienne ne pouvait plus leur donner.

Nous jouissons ici de la plus grande tranquillité, et la confiance est entièrement rétablie.

Sur ce, Monsieur le général, je prie Dieu qu'il vous ait en sa sainte et digne garde.

Signé JOACHIM.

Madrid, le 7 mai 1808.

Circulaire adressée aux Capitaines généraux Espagnols, et incluse dans la lettre précédente.

Monsieur le capitaine général, vous aurez sans doute appris avec douleur le malheureux événement du 2 mai. Le souvenir de ce jour sera pour moi un souvenir d'amertume : mais le ciel m'est témoin que je me suis vu contraint de repousser la force par la force ; que ça été malgré moi que les Français ont tiré l'épée contre les Espagnols, et que le sang de deux nations amies a coulé. Je vous envoie ci-joint une copie de mon ordre du jour, ainsi qu'une de mes proclamations et une autre de la junte d'état. Vous y reconnaîtrez sans doute quelle clémence a suivi de très-près la grande sévérité que j'ai été obligé de déployer dans le premier moment pour arrêter le désordre ainsi que l'effusion du sang. Maintenant tout est rentré dans l'ordre ; le passé est entièrement oublié. Il s'agit de réparer le mal ; il est urgent de le faire oublier et de travailler de concert à la félicité de votre patrie. C'est dans cette vue que la junte suprême du gouvernement m'a nommé son président. Je répondrai fidèlement à sa confiance. Je ne me dissimule pas tous les devoirs qu'elle m'impose ; mais je les remplirai parce que je compte sur la réunion de ses efforts et de son zèle ; parce que je compte sur les différens corps de troupes espagnoles qui sont éloignés de la capitale, avec autant de confiance que sur la garnison de Madrid qui s'est couverte de gloire en se réunissant aux troupes de l'Empereur pour contenir et réprimer la populace de Madrid. Oui, Monsieur le capitaine général, je compte entièrement sur vous. Les nobles sentimens qui vous distinguent si éminemment me sont un sûr garant de votre zèle. Vous continuerez à suivre le chemin de l'honneur : vous adhèrerez au gouvernement ; vous unirez vos efforts aux siens, vous rivaliserez de zèle avec lui pour maintenir la tranquillité publique et pour empêcher que le contre-coup de l'événement de Madrid ne se fasse sentir dans votre province.

Monsieur le capitaine général, je suis enchanté que cette circonstance me procure l'occasion de vous assurer de l'estime particulière que votre réputation et vos talens vous ont si justement acquise.

Sur ce, etc., etc.

Madrid, le   de mai 1808.

EXPOSITION

DES FAITS ET DES TRAMES

Qui ont préparé l'usurpation de la Couronne d'Espagne, et des moyens dont l'Empereur des Français s'est servi pour la réaliser.

~~~~~~~~~~~~~~~~~~~

La Nation, ayant fait et continuant toujours de faire les efforts les plus héroïques pour secouer le joug qu'on voulait lui imposer, il est du devoir de tous les bons citoyens de chercher par tous les moyens possibles à l'éclairer sur les véritables causes de la situation où elle se voit, et à rehausser le noble enthousiasme dont elle est animée.

Dévoiler à l'Espagne et à l'univers entier les odieux moyens que l'Empereur des Français a mis en usage pour s'emparer de la personne de notre roi Ferdinand VII, et réduire à l'esclavage cette nation grande et généreuse; voilà sans doute un sujet bien digne de ceux qui, comme moi, se trouvent à même de le pouvoir traiter, puisque les circonstances
~~~~~~~~~~~~~~~~~~~

m'ont rendu témoin des événemens qui ont précédé la catastrophe de Bayonne, et que j'en ai été un des acteurs. Privé jusqu'ici de ma liberté, en vain j'aurais voulu les publier auparavant; d'ailleurs, je n'avais pas non plus réuni toutes les pièces qui doivent venir à l'appui de mon Exposition. Il m'en manque encore quelques-unes qu'il fallut livrer aux flammes et sacrifier au danger des circonstances dans lesquelles il y avait tout à craindre; d'autres ont disparu au milieu des secousses de ces jours malheureux. Cependant, celles qui accompagnent cet écrit suffisent pour prouver quelle a été l'horrible violence qu'on a faite à notre bien-aimé roi Ferdinand VII et à toute la nation.

Nous ne nous arrèterons pas à détailler la conduite de l'Espagne avec la France depuis la paix de Bâle, quoiqu'elle soit une partie très-intéressante de son histoire politique pendant ces derniers temps, et qu'elle se trouve intimément liée avec les grands évènemens qui vont nous occuper dans cette Exposition; nous nous bornerons à rappeler ce qui est connu de toute la nation et de l'Europe entière, savoir : que le système politique de l'Espagne pendant cet intervalle a été constamment de conserver l'amitié de la France,

de vivre avec elle dans la meilleure intelligence , et d'observer religieusement le traité
ruineux conclu en 1795.

Pour parvenir à ce but , il n'est point de
sacrifice que l'Espagne n'ait fait ; et comme
la haute faveur dont le Prince de la Paix
jouissait auprès de Charles IV · reposait en
grande partie dans la continuation de ce système , il est impossible de dire quelle opi-
niâtreté et quelle ardeur on a mis à le suivre.
Marine, armées, argent, tout était sacrifié à
la France. On avait recours à toute sorte de
complaisance ; on supportait des humiliations
de toute espèce ; on faisait tout enfin pour
satisfaire l'insatiable avidité du gouvernement
français , mais il n'était jamais question de
mettre la nation à l'abri des complots d'un
allié qui parcourait l'Europe en conquérant.

A peine eut-il signé le traité de Tilsitt, dans
lequel il essaya de persuader que la destinée
de l'univers s'était déclarée en sa faveur, qu'il
tourna ses regards vers l'Occident et résolut
la ruine du Portugal et de l'Espagne ; ou, ce
qui revient au même , il résolut de s'emparer
de cette vaste Péninsule , dans l'intention de
rendre ses habitans aussi heureux que ceux
de l'Italie , de la Hollande , de la Suisse et de
la Confédération du Rhin.

Cependant , l'Empereur nourrissait déjà dans son cœur quelque dessein funeste à l'Espagne , puisqu'il imagina de commencer à la désarmer, en exigeant un corps considérable de nos troupes , afin d'employer leur courage à défendre des intérêts étrangers dans des climats lointains. Il obtint sans peine ce qu'il demandait , et il eut à sa disposition une armée brillante et choisie, composée de seize mille hommes de toute arme.

Il n'était pas aussi aisé de s'emparer de l'Espagne que Napoléon le croyait. Il fallait , avant tout, un prétexte pour mettre en œuvre le plan audacieux et gigantesque d'assujettir une nation amie et alliée qui avait fait tant de sacrifices en faveur de la France , et qui, par sa fidélité et la loyauté de son caractère, s'était attiré les éloges de l'Empereur même.

Mais celui-ci était accoutumé à agir avec ce peu de délicatesse dans le choix des moyens, qui est bien digne d'un homme qui regarde la conquête du monde entier, la destruction du genre humain, et la fureur des armes, comme le chemin qui peut conduire à la véritable gloire : en conséquence, il forma le projet d'attiser la discorde entre les membres de la famille d'Espagne , par le moyen de son ambassadeur auprès de cette cour.

Celui-ci ,

Celui-ci, qui ne connaissait peut-être pas le secret de son maître, essaya de séduire le prince des Asturies, maintenant notre Seigneur et Roi, et lui inspira la pensée de s'unir avec une princesse parente de l'Empereur. L'oppression sous laquelle vivait son Altesse royale, par une suite d'événemens aussi connus que funestes, et le désir de se garantir d'une union à laquelle on voulait le contraindre avec une personne choisie par son plus grand ennemi, et qui, par cela seul, devait lui paraître odieuse, engagèrent le Prince à répondre aux avances de l'Ambassadeur, avec la restriction cependant d'obtenir l'aveu de son auguste père et de son auguste mère pour se prêter aux vues qu'on lui proposait, puisque leur accomplissement consoliderait davantage l'amitié et l'alliance qui regnaient déjà entre les deux couronnes. Ce fut sous ce rapport, et déterminé par de puissans motifs politiques ainsi que par les pressantes sollicitations de l'ambassadeur, que son Altesse écrivit à S. M. Impériale.

Peu de jours après, son Altesse fut scandaleusement mise aux arrêts dans le monastère royal de *san Lorenzo*, et l'on fit signer au Roi Charles IV le décret plus scandaleux encore qui fut envoyé au Conseil de Castille. Il

y a tout lieu de soupçonner que la main in-
connue qui dévoila la prét. ndue conspiration
était un agent français qui travaillait à faire
réussir le projet de Napoléon.

Heureusement la nation espagnole était
très-pénétrée de sa situation : elle connaissait
parfaitement le bon naturel et la moralité
religieuse de son Prince des Asturies. Elle
soupçonna donc que c'était une calomnie in-
ventée par le favori, avec autant d'audace
que d'absurdité, afin de sacrifier le seul obstacle
qui s'opposait à ses vues.

On sait qu'après l'emprisonnement du
Prince des Asturies, le Roi père, excité sans
doute par le favori, écrivit à l'Empereur. Il
se plaignit de la conduite de l'ambassadeur
Beauharnais et de ses relations clandestines
avec le Prince des Asturies, et il s'étonnait de
ce que l'Empereur ne se fût point mis d'accord
avec Sa M. C. sur des objets d'une si haute
importance parmi les Souverains.

L'arrestation du prince des Asturies, et sur-
tout le décret lancé contre sa personne royale,
produisirent un effet entièrement contraire à
celui qu'attendait le favori : il en redouta les
conséquences, et crut devoir rétrograder et se
rendre l'agent de la réconciliation entre les
anciens rois et leur fils. Il résulte de l'abrégé

du procès de l'Escurial, publié le 8 avril, par ordre de Sa Majesté, que le favori dressa deux lettres; qu'il les fit signer au Prince dans sa prison, et que ces lettres, une fois remises aux anciens Souverains, on supposa qu'elles avaient attendri leur cœur. Voilà de quelle singulière manière le très-innocent Prince recouvra une apparence de liberté.

Les choses étaient ainsi lorsqu'il arriva au château de san Lorenzo un courrier porteur d'un traité conclu et signé à Fontainebleau, le 27 octobre, par don Eugène Izquierdo, comme plénipotentiaire de Sa M. Catholique, et par le maréchal Duroc, au nom de l'Empereur des Français. Son contenu, ainsi que celui de la convention qui fut signée à part, se trouve dans les numéros 1 et 2 des pièces justificatives placées à la suite de cet écrit.

Ce qui est très-digne de remarque, c'est que dans le Ministère d'état dont j'étais chargé, on n'avait pas la moindre connaissance des démarches faites à Paris par don Eugène Izquierdo, non plus que de sa nomination, de sa correspondance, de ses instructions et autres objets.

L'Empereur, en signant ce traité, voulait s'emparer du Portugal à peu de frais, avoir un prétexte plausible pour introduire ses armées dans notre Péninsule, afin de la subjuguer à son tour, et se rendre maître, en attendant, de la Toscane.

Le favori, de son côté, obtenait les *Algarves* et l'*Alentejo* en toute propriété et souveraineté.

Cependant on attendait encore la réponse de l'Empereur au Roi père : on ignorait de quelle nature serait cette réponse, et cette incertitude remplissait l'ame du favori de crainte et d'anxiété.

Les relations intimes qu'il entretenait alors avec le grand-duc de Berg, par les soins de son confident Izquierdo, lui donnaient quelque espoir de voir terminer les choses au gré de ses désirs, quand même il aurait fallu sacrifier quelques millions; mais le favori et son confident étaient bien loin de connaître la véritable pensée des personnages auxquels ils avaient à faire à Paris. En effet, aussitôt que l'Empereur vit le favori compromis, et les anciens rois sans crédit, il ne voulut point répondre aux lettres de Sa Majesté, dans l'intention d'augmenter leur perplexité, et peut-être de leur inspirer des craintes, afin de les engager dans quelque projet de fuite, quoi qu'alors il n'eût point pris toutes les mesures convenables pour en profiter.

Le grand-duc de Berg promit au favori de faire tout ce qui dépendrait de lui pour le soutenir. En même temps il ne lui cachait pas que l'affaire était très-épineuse; car il fallait avoir égard à l'amour extraordinaire que l'Espagne avait voué au prince des Asturies et au respect dû à une nièce de l'impératrice; et que d'ailleurs il se trouvait mêlé dans tout avec l'ambassadeur Beauharnais, parent de la même souveraine (1).

Le favori vit bien alors que son crédit tombait beaucoup. Il se crut perdu sans l'appui de l'empereur des Français qu'il prenait pour son protecteur. Depuis cette époque, il essaya tous les moyens imaginables pour se concilier davantage l'amitié du grand-duc de Berg. Présens, déférences, tout fut mis en usage pour parvenir à ce but, et afin de mieux conjurer l'orage qui le menaçait, il fit en sorte que les anciens Rois demandassent directement à l'Empereur *la main d'une de ses nièces pour le prince des Asturies.*

---

(1) Tout ceci est tiré de la correspondance du favori avec le grand-duc de Berg, laquelle fut soustraite par celui-ci du Bureau d'état lorsqu'il était lieutenant du royaume.

En même temps l'Empereur des Français feignait d'être très-mécontent des menées d'Izquierdo, et il l'éloigna de sa personne, pour empêcher par ce moyen toute communication directe, et se rendre plus impénétrable.

Sa Majesté impériale passa en Italie dans tout l'imposant appareil dont l'Europe fut témoin ; elle mit à ce voyage une telle importance, qu'il était permis de croire qu'elle allait fixer les destinées du monde. Tout fait présumer cependant que l'Empereur voulut uniquement détourner l'attention générale vers ces contrées, tandis qu'il méditait déjà l'invasion du Portugal et de l'Espagne.

Malgré ces artifices et ces soins, il mit à découvert un des articles du traité de Fontainebleau, en chassant de la Toscane, avec la plus grande précipitation, la reine régente et ses enfans ; et en dépouillant la demeure royale et les caisses publiques d'une cour qui ne connaissait pas le traité, et qui n'avait commis aucune félonie (1).

Tandis que l'Empereur avait sur lui les regards de l'Europe par son voyage à Milan et à Venise, il crut devoir répondre à trois lettres que le roi Charles IV lui avait déjà

____

(1) Voyez à la fin la note sur la Reine d'Étrurie.

écrites. Il assurait Sa Majesté qu'il n'avait point eu la moindre connaissance de tout ce qu'elle lui avait annoncé relativement au prince des Asturies (1). Cependant Sa Majesté Impériale approuvait l'union qu'on lui proposait avec une Princesse de sa famille, et cela dans le dessein sans doute d'amuser les Rois, et de faire filer en même temps vers l'Espagne, sous de spécieux prétextes, toutes les troupes dont il pouvait disposer alors : d'un autre côté, il faisait répandre qu'il favorisait le prince des Asturies, et tâchait, par ce moyen de se concilier la bienveillance générale de la nation Espagnole.

La conduite de l'Empereur avait épouvanté les anciens Rois et plus encore le favori ; ainsi donc, loin d'opposer le moindre obstacle à l'entrée des troupes Françaises dans ce royaume, ils donnèrent les ordres les plus précis pour qu'elles fussent reçues et mieux traitées que les troupes Espagnoles.

L'Empereur, sous prétexte de pourvoir à la sûreté de ses soldats, ordonna à ses géné-

______

(1) Comparez cela avec la lettre de S. M. I. au Roi Ferdinand, n.º 3, dans laquelle l'Empereur avoue tenir entre ses mains celle que le Prince des Asturies lui écrivit par le conseil de l'ambassadeur Beauharnais.

raux de s'emparer par la force ou par adresse des forteresses de Pampelune, St-Sébastien, Figuières et Barcelonne, les seules qui pouvaient mettre quelque obstacle à une invasion. En effet, au grand étonnement et à la confusion de toute la nation, les Français se rendirent maîtres de ces forteresses par surprise et par fraude, et en ayant toujours soin de mettre en avant des sentimens d'amitié et d'alliance.

Lorsque l'Empereur se crut déjà maître de toute l'Espagne, et assez sûr de ses mesures pour les communiquer avec plus de rapidité, il jugea à propos de se plaindre avec aigreur au roi Charles IV, de ce qu'il ne lui avait pas renouvelé la demande d'une Princesse Impériale pour son fils le prince des Asturies. Le Roi voulut bien répondre qu'il ratifiait sa proposition et qu'il était prêt à réaliser cette union.

Quelque chose d'une haute importance manquait sans doute encore pour faire arriver ce projet à sa maturité: l'Empereur ne voulut point alors confier ses desseins à la plume. D. Eugène Izquierdo vivait à Paris dans un état d'abattement et de crainte, que l'Empereur avait cherché à lui inspirer. Sa M. Impériale pensa donc qu'elle ne pouvait choisir d'instrument plus convenable pour communiquer les mêmes alarmes aux anciens Rois et au favori. Elle ordonna donc à Izquierdo de se rendre en Espagne : il obéit avec précipitation et avec mystère. D'après ses explications verbales, il n'apportait aucune proposition par écrit; il ne devait pas non plus en prendre, et il avait ordre de ne demeurer que trois jours.

Cela fut exécuté à la lettre. Aussitôt qu'Izquierdo arriva à Aranjuez, le favori le présenta aux Rois. Leurs conférences furent si secrètes, qu'il n'y eut personne qui pût pénétrer le motif de l'arrivée du confident. Cependant, peu de temps après son départ, on commença à s'apercevoir de l'intention où étaient leurs Majestés d'abandonner la capitale et le royaume, et de passer au Mexique.

La résolution récemment prise par la famille régente de Portugal, avait paru remplir les vues de l'Empereur. Il est à croire que S. M. Impériale s'était promis un succès égal en Espagne. S'abandonner à un pareil espoir, c'était ne pas connaître le caractère espagnol. A peine eut-on appris que les Rois voulaient quitter le château (ce qu'annonçait clairement l'immensité des préparatifs et des dispositions

qu'on voyait prendre), que le mécontentement et la crainte parurent énergiquement sur
les visages de toutes les personnes de la cour
et de toutes les classes. Leurs Majestés firent
démentir le bruit de leur voyage, et promirent
au peuple de ne point l'abandonner.

La méfiance générale était si forte, les
maux qui devaient suivre cette mesure pa-
raissaient si affreux, et les symptômes du
départ étaient si multipliés et d'une telle
nature, que l'alarme n'était point calmée.
Tout le monde sentait la nécessité d'empêcher la réussite d'un projet qui présentait tant
d'inconvéniens. Le danger augmente et avec
lui les craintes du public; et, comme une
explosion inattendue, éclatèrent à Aranjuez
les évènemens des 17 et 19 mars, dans lesquels le peuple fut guidé par une espèce
d'instinct de sa propre conservation.

L'emprisonnement du favori qui, sans
avoir le titre de Roi, en avait exclusivement
exercé les fonctions pendant un grand nombre
d'années, fut le résultat de ces fameuses
journées.

A peine cette épouvantable chute avait-elle
eu lieu, que les anciens Rois se voyant dénués
de l'appui de leur favori, prirent subitement
et de leur propre mouvement, le parti auquel

ils étaient déjà décidés depuis quelque temps, d'abdiquer leur couronne. Ils l'abdiquèrent en effet en faveur de leur fils et de leur héritier, le Prince des Asturies.

L'Empereur qui ne connaissait pas cet événement imprévu, et qui était bien loin de croire les Espagnols capables d'une pareille résolution, avait ordonné au prince Murat de marcher avec son armée sur Madrid. Il supposait que la famille royale serait déjà prête à s'embarquer, et que loin de trouver le moindre obstacle de la part des peuples, ils le recevraient tous à bras ouverts, comme leur libérateur et leur ange tutélaire. Il croyait la nation très-dégoûtée de son gouvernement, tandis qu'elle ne l'était que des abus produits par une mauvaise administration.

Aussitôt que le Grand-Duc apprit les événemens d'Aranjuez, il se prépara à occuper la capitale du royaume avec toute son armée : il avait sans doute l'intention de mettre à profit les circonstances et de prendre le parti qui tendrait plus directement à réaliser le projet de l'envahissement de l'Espagne.

En attendant, l'obscurité mystérieuse dont Buonaparte enveloppait ses projets, la proximité de son armée et l'incertitude sur le véritable objet de sa marche, décidèrent le Roi

Ferdinand VII à prendre toutes les mesures conciliatoires qui lui parurent les plus propres à gagner la bienveillance de l'Empereur. Il ne se contenta pas de lui faire part de son avènement au trône, avec les expressions les plus amicales et les plus affectueuses. Il envoya une députation de trois grands d'Espagne à Bayonne, afin de complimenter S. M. Impériale en son nom, et il nomma aussi un grand d'Espagne pour remplir une pareille mission auprès du Grand-Duc de Berg qui se trouvait déjà près de Madrid.

Un des ressorts que les Français firent jouer sur-le-champ, ce fut d'assurer au Roi et de répandre par-tout que S. M. Impériale était sur le point d'arriver à Madrid. En conséquence, on donna les ordres convenables pour préparer au palais un appartement qui répondît à la dignité de l'auguste voyageur; en même temps Sa Majesté écrivit de nouveau à l'Empereur en lui exprimant la joie qu'elle aurait à le connaître personnellement et à pouvoir lui ratifier verbalement l'ardent désir qui animait S. M. de resserrer, par tous les moyens possibles, l'amitié et l'alliance qui régnaient entre les deux Souverains.

Cependant le Grand-Duc de Berg fit son

entrée à Madrid à la tète de ses soldats. A peine eut-il pris connaissance de l'état des choses qu'il commença à souffler la discorde ; il parlait artificieusement de l'abdication du Roi Charles IV en faveur de son fils, abdication, disait-il, qui s'était faite au milieu du mouvement d'Aranjuez ; il ajoutait que jusqu'à ce que l'Empereur eût reconnu Ferdinand VII, il ne pouvait faire aucune démarche à cet égard, et qu'il se trouvait dans la nécessité de ne communiquer qu'avec Charles IV.

Cela ne manqua pas de produire l'effet que le Grand-Duc s'était imaginé : les anciens Rois mirent ses dispositions à profit pour sauver le favori qui était dans les fers, d'autant plus que le prince Murat avait paru s'intéresser en sa faveur, dans le but uniquement de s'insinuer dans l'esprit de leurs Majestés, de choquer en même temps Ferdinand VII, et de semer de nouveau le germe de la discorde entre le père et le fils.

C'est alors que le nouveau Roi fit son entrée publique à Madrid, sans appareil et sans ostentation ; il était environné de l'intéressant cortége de tous les habitans de Madrid et de ses environs. Il arriva à son palais au milieu des cris joyeux et des acclamations, par lesquelles son peuple tâchait de lui montrer son enthousiasme, et de lui prouver son amour et sa loyauté ; spectacle vraiment grand et attendrissant, où l'on voit le jeune Roi de même qu'un père au milieu de ses enfans, entrer dans sa capitale comme le régénérateur et l'ange tutélaire de la monarchie.

Le Grand-Duc fut témoin de cette scène ; mais loin de s'écarter de son plan, il n'en fut que plus décidé à le mettre en exécution. Il avait obtenu des anciens Rois tout ce qu'il s'était proposé : cependant il sentait que la présence d'un Roi adoré qui montait sur le trône sous de si heureux auspices, serait un obstacle à l'accomplissement de ses desseins : il fallut donc mettre tout en œuvre pour éloigner Ferdinand VII de Madrid.

Pour y réussir, le Grand-Duc faisait circuler à chaque instant la nouvelle de l'arrivée d'un nouveau courrier, annonçant que l'Empereur était sorti de Paris, et qu'il arriverait incessamment dans la capitale de l'Espagne. D'abord il s'attacha à faire aller l'Infant Don Charles au-devant de Sa Majesté Impériale, en cherchant à persuader que Son Altesse ne ferait pas deux journées sans rencontrer l'Empereur. Le Roi, entraîné par la pureté et la sincérité de ses intentions, consentit à tout ; après avoir obtenu le départ de l'Infant, le Grand-Duc montra le plus grand désir d'en voir faire autant au Roi. Il n'y eut sorte de moyens dont il ne se servit pour persuader Sa Majesté : il lui assurait que cette démarche produirait les plus heureux effets, pour le Roi même et pour tout le royaume.

Tandis que le Grand-Duc de Berg, l'ambassadeur et tous les agens Français travaillaient dans ce sens, on faisait jouer d'autres ressorts auprès des anciens Rois, afin de leur arracher une protestation en forme contre l'abdication de la couronne faite volontairement et avec toutes les formalités d'usage en faveur de leur fils et de leur héritier légitime.

On pressait violemment le départ du Roi, pour aller au-devant de l'Empereur. Le monarque flottait incertain entre une démarche dont les suites seraient si avantageuses, et le désir de ne point abandonner son peuple qui lui avait donné tant de preuves d'amour et de loyauté au milieu des circonstances critiques qui l'environnaient. Quant à moi, je puis dire que dans cette pénible situation, mon avis, comme Ministre du Roi, fut que S. M. ne devait point sortir de sa capitale qu'au moment où elle saurait positivement que l'Empereur, étant déjà en Espagne, s'approchait de Madrid, et que dans ce cas, le Roi ne devait point s'en éloigner afin de ne point passer la nuit hors de son palais.

S. M. persista quelques jours dans la résolution de ne point sortir de Madrid avant d'être sûre de l'arrivée de l'Empereur. Le Roi ne se serait probablement pas écarté de ce dessein sans l'arrivée du général Savary (1), qui ajouta un grand poids aux démarches réitérées du Grand-Duc et de l'ambassadeur Beauharnais.

Le général Savary s'annonça d'abord comme envoyé de l'Empereur, et en cette qualité il demanda une audience à S. M., laquelle fut accordée sur-le-champ. Introduit en présence du roi, il déclara qu'il venait complimenter S. M. au nom de l'Empereur, et savoir d'elle seulement si ses sentimens à l'égard de la France étaient conformes à ceux du Roi son père ; que dans ce cas, l'Empereur, sans avoir égard à tout ce qui s'était passé, reconnaîtrait S. M. comme Roi d'Espagne et des Indes.

Savary reçut à ce sujet la réponse la plus satifaisante, d'après laquelle il s'exprima d'une

______

(1) Depuis duc de Rovigo et ministre de la police.

maniere

manière si flatteuse, qu'il était impossible d'en demander davantage. En sortant de l'audience, il assura que l'Empereur serait sans doute sorti de Paris, et qu'il se trouverait très-près de Bayonne pour passer ensuite à Madrid.

Cet émissaire commença dès-lors à faire les plus pressantes démarches pour décider S. M. à aller au-devant de l'Empereur. Il promettait que cette prévenance flatterait infiniment S. M. I. : enfin, il assura d'une manière si positive et tant de fois répétée, que l'Empereur arriverait d'un moment à l'autre, qu'il fallut ajouter foi à ses paroles : il était bien difficile au Roi de soupçonner même qu'un général envoyé par un Empereur eût d'autre mission que celle de tromper.

Le Roi se laissa persuader enfin par tant de sollicitations et par des espérances si flatteuses: l'amour de ses sujets, le plus ardent désir de les rendre heureux, terminèrent cette crise violente, et l'emportèrent dans son cœur généreux sur toute espece de répugnance et de crainte.

Le jour du départ du Roi, le général Savary, feignant le plus grand zèle, et paraissant prendre le plus vif intérêt à S. M., témoigna le désir d'avoir l'honneur de l'accompaguer dans son voyage, qui se bornerait, disait-il, à Burgos, d'après les nouvelles qu'il venait de recevoir de la prochaine arrivée de l'Empereur.

Le roi laissa établie à Madrid une assemblée suprême de gouvernement, composée des secrétaires d'état, et présidée par son Alt. Sérén. l'Infant Don Antoine, son oncle, afin d'expédier les affaires les plus urgentes de l'état, pendant le très-peu de jours qu'on supposait que durerait l'absence de Sa Majesté. Le général Savary suivit le Roi dans une voiture à part jusqu'à Burgos. L'Empereur ne s'y trouva pas. Il pressa très-vivement S. M. de continuer sa route au moins jusqu'à Vittoria : il y eut alors quelques débats à ce sujet : mais la ruse et la perfidie luttaient avec l'honneur, l'innocence et la sincérité : et, dans un combat aussi inégal, la même générosité qui avait tiré le roi de sa capitale, l'entraîna jusqu'à Vittoria.

Le général Savary, bien persuadé que S. M. ne dépasserait point cette dernière ville, continua seul son voyage à Bayonne, dans l'intention sans doute d'informer l'Empereur de tout ce qui se passait, et d'avoir une lettre qui décidât le Roi à s'éloigner de ses sujets. Ce fut à Vittoria que S. M. apprit que l'Empereur était arrivé à Bordeaux, et qu'il prenait la route de Bayonne. D'après cet avis, S. A. S. l'Infant Don Charles, qui l'attendait à Tolosa, se mit en marche pour Bayonne, invité par l'Empereur, qui n'arriva que quelques jours après.

Il n'y eut aucun événement marquant à Vittoria. Seulement l'assemblée ou *junta* suprême de gouvernement écrivit de Madrid que le Grand-Duc exigeait impérieusement qu'on mît en liberté et qu'on lui livrât le favori. Le Roi ne voulant pas accéder à cette demande, fit connaître ses intentions à **la** *junta*, afin qu'elle s'abstînt avec le Grand-Duc de toute espèce de contestation sur le sort du favori (1).

Pendant ces entrefaites, le général Savary préparait avec l'Empereur le dernier coup qu'il fallait porter. Les troupes françaises, cantonnées aux environs de Vittoria, firent quelques mouvemens sinistres, comme on l'apprit par la suite, et le général Savary se

---

(1) Tout le monde sait que le détenu fut enfin livré aux Français, et conduit par eux à Bayonne ; ce qui n'eut lieu que d'après les ordres de la junta seulement, qui céda à l'empire des circonstances et aux menaces péremptoires du Grand-Duc, comme on le verra dans l'appendice qui est à la suite de cet écrit.

présenta dans cette ville avec la lettre de l'Empereur (n.º 3) adressée au Roi.

Aux expressions peu décentes et rien moins que flatteuses contenues dans cette lettre , le général Savary eut soin d'ajouter des protestations si fortes de l'intérêt que l'Empereur prenait au Roi et à l'Espagne , qu'il en vint jusqu'à dire : « Je parie ma tête qu'un quart-» d'heure après l'arrivée de S. M. à Bayonne, » l'Empereur le reconnaîtra comme Roi d'Es-» pagne et des Indes. Pour ne pas abandonner » son système , il commencera probablement » par lui donner le titre d'Altesse , mais cinq » minutes après , il l'appellera sa Majesté , » et au bout de trois jours tout sera fini , et » S. M. pourra s'en retourner en Espagne » sur-le-champ. »

Le Roi hésita cependant sur le parti qu'il devait prendre ; mais , comme il désirait sortir de l'embarras dans lequel il se trouvait, et bien plus que toute chose, délivrer ses chers sujets des inquiétudes cruelles qui les assiégeaient, il ferma son cœur à la crainte, devint sourd à mes conseils , à ceux de quelques autres personnes de sa suite, aux clameurs des fidèles habitans de Vittoria , et se décida à partir pour Bayonne. Il ne pouvait pas concevoir qu'un souverain son allié , voulût l'appeler dans ses états pour le mettre aux fers, et proscrire une dynastie qui, bien loin de l'avoir offensé, n'avait cessé de lui donner les preuves les plus éclatantes de son amitié.

Dès les premiers pas que S. M. fit sur le territoire français, elle remarqua que personne ne venait au-devant d'elle. A son arrivée à St-Jean-de-Luz, cependant le Maire se présenta à S. M. avec toute la Municipalité. Il harangua le Roi en témoignant la plus grande joie, et en se felicitant d'être le premier qui avait le bonheur de recevoir un monarque ami et allié de la France. A quelque distance de-là, on rencontra la députation de trois grands d'Espagne qui venaient au-devant de S. M. Les explications qu'ils donnèrent, relativement aux intentions de l'Empereur, ne furent pas des plus satisfaisantes ; mais comme la proximité de Bayonne ne permettait plus de changer de plan, on continua la route.

Le prince de Neufchâtel et le maréchal du palais Duroc vinrent au-devant du roi. Ils étaient suivis d'un détachement de la garde d'honneur que les Bayonnais avaient destinée à l'Empereur. Ils invitèrent S. M. à entrer à Bayonne où elle avait son logement préparé.

L'appartement qui était destiné au Roi parut à tout le monde ce qu'il était en effet, très-peu décent pour l'auguste personnage qui devait l'occuper: négligence très-remarquable et très-signifiante, et qui présentait un contraste frappant avec la magnificence et le soin que le Roi avait mis à orner l'appartement qu'il avait fait préparer pour son allié.

S. M. était plongée dans l'étonnement que lui causait une réception si peu attendue, lorsqu'on lui annonça la visite de l'Empereur, qui arriva en effet accompagné de plusieurs généraux. Le Roi descendit jusqu'à la porte de la rue: les deux monarques se jetèrent dans les bras l'un de l'autre avec des démonstrations d'amitié; l'Empereur ne demeura que peu d'instans avec S. M., et se retira en l'embrassant de nouveau.

Quelques momens après, le maréchal Duroc vint inviter le Roi à dîner avec S. M. I., dont l'équipage devait conduire S. M. C. à Marrac, ce qui fut ainsi exécuté. L'Empereur descendit pour recevoir le Roi jusqu'à la portière du carrosse. Il l'embrassa de nouveau, et le conduisit par la main à son appartement. A peine le Roi était il de retour chez lui, que le général Savary vint notifier à S. M. que l'Empereur avait irrévocablement résolu que la dynastie des Bourbons ne régnât plus en Espagne, et que la sienne en occupât le trône : en conséquence, S. M. I. voulait que le roi, en son nom et en celui de toute sa famille, renonçât à la couronne d'Espagne et des Indes, en faveur de la dynastie de Bonaparte.

Il est impossible de peindre la surprise dont S. M. fut saisie, et l'étonnement qui s'empara des personnes qui étaient auprès d'elle, en entendant une pareille proposition. Le Monarque ne s'était pas encore reposé des fatigues du pénible voyage qu'il avait entrepris, et le même homme qui lui avait prodigué toute sorte d'assurance à Madrid, qui l'avait arraché de son palais et de ses états, pour régler à Bayonne des objets qui intéressaient les deux puissances, et être reconnu par S. M. I., avait l'audace d'être le porteur d'une proposition aussi impertinente !

Le lendemain je fus appelé par l'Empereur à son château. M. de Champagny, Ministre des relations extérieures, m'attendait pour y discuter les propositions que le général français avait présentées verbalement. D'abord, je me plaignais de la perfidie qu'on employait dans une affaire d'une aussi haute importance : je fis voir que le Roi mon maître était venu

à Bayonne d'après les assurances que le général Savary lui avait données, au nom de
l'Empereur, devant les ducs de l'Infantado et
de St-Charles, don Juan Descoigniz et moi,
et par lesquelles le général Savary avait
promis que S. M. I. reconnaîtrait le Roi au
moment de l'entrevue des deux Souverains
dans le château impérial de Marrac; que
S. M., loin d'avoir vu se réaliser la reconnaissance promise, avait été saisie du plus
profond étonnement, en entendant la proposition dont il était question; que S. M.
m'avait autorisé à protester contre la violence qu'on employait envers sa personne,
en ne lui laissant pas la liberté de s'en
retourner en Espagne; que j'étais également
autorisé à répondre cathégoriquement, et
d'une manière déterminante, aux demandes
de l'Empereur; que le roi ne pouvait, ni ne
devait renoncer à sa couronne en faveur
d'une autre dynastie, sans manquer à ce qu'il
devait à ses sujets et à sa propre réputation;
qu'il ne pouvait pas non plus dépouiller de
leurs droits les membres de sa famille appelés
au trône par les lois fondamentales du
royaume; qu'il pouvait encore moins consentir à voir régner une autre dynastie,
parce qu'elle devait être choisie par la nation

espagnole, d'après ses antiques lois, en vertu desquelles elle a le droit d'élire une autre famille, en cas d'extinction de celle qui règne.

Le Ministre des relations extérieures persistait à demander l'abdication : il prétendait que celle de Charles IV, faite le 19 mars, n'avait point été volontaire.

Je marquai alors mon étonnement de ce qu'on demandait au roi l'abdication de sa couronne, tandis que d'un autre côté on soutenait que celle de son auguste père n'était pas libre. Je pourrais, ajoutai-je, éviter cette discussion, parce que je ne reconnais pas dans l'Empereur la moindre autorité pour se mêler des affaires qui sont absolument domestiques, et qui ne regardent que le gouvernement espagnol ; et en cela, je ne ferais qu'imiter le cabinet de Paris, lorsqu'il déclara incompétentes les réclamations de S. M. l'ancien Roi en faveur du malheureux Louis XVI, son allié et son cousin-germain.

Malgré cela, je voulus rendre à la vérité et à l'innocence le témoignage qu'elle seule était en droit d'attendre de moi. J'ajoutai donc que trois semaines avant le mouvement d'Aranjuez le roi Charles avait dit à S. M. la Reine, en ma présence, et en celle de tous

les autres ministres : « Marie-Louise, nous
» nous retirerons en province ; là, nous
» vivrons tranquilles, et Ferdinand, qui est
» jeune, se chargera du fardeau du gouver-
» nement. »

Je démontrai que dans les journées du 17,
18 et 19 mars, on n'avait fait à Sa Majesté
la moindre violence pour l'engager à abdiquer,
ni de la part du peuple qui ne s'était mis
en mouvement que par la douleur que lui
causait le départ de S. M. pour Séville, et
de-là pour l'Amérique ; ni de la part de son
altesse royale le prince des Asturies ; ni de la
part enfin de qui que ce soit ; que tous les
membres du corps diplomatique étaient bien
pénétrés de cette vérité, ainsi que toutes les
personnes attachées à la cour, puisque les
uns et les autres avaient félicité et complimenté
le nouveau souverain, excepté l'ambassadeur
de France, sous prétexte de n'être point autorisé par des instructions *ad hoc,* comme
si ses collègues n'eussent pas été dans le même
cas.

Je terminai mon discours en prouvant que,
par une suite de ce raisonnement, l'abdication
de S. M. le Roi père, lui avait été uniquement
dictée par le désir qu'elle avait de mener une
vie tranquille, en s'éloignant des affaires,

étant persuadée que ses forces, diminuées par l'âge et par les infirmités, n'étaient plus en état de porter le fardeau de la couronne.

Alors M. de Champagny reprit que l'Empereur, dans le cas d'une guerre avec les puissances du Nord, ne pouvait pas être sûr de l'Espagne, si cette monarchie continuait à être gouvernée par une dynastie qui conserverait toujours le ressentiment de voir la branche aînée dépouillée de la couronne de France.

Je répliquai que dans l'ordre régulier des choses, de semblables préventions s'évanouissaient devant les intérêts des états : que la conduite politique de Charles IV, depuis le traité de Bâle, était une preuve récente de la manière dont les Souverains s'écartent des intérêts de famille, lorsqu'ils sont en contradiction avec ceux de leurs peuples : que l'amitié entre la France et l'Espagne reposait sur des convenances politiques et locales, que la situation topographique des deux états suffisait pour démontrer la nécessité que l'Espagne avait de vivre en bonne intelligence avec la France. Qu'aurait donc à redouter l'Empereur, disais-je, d'une nation qui joint à son propre intérêt la loyauté inflexible et religieuse avec laquelle elle a suivi dans toutes les époques, son système fédératif, et cela de l'aveu même des écrivains français.

J'ajoutai que la France n'aurait pas de moins puissantes raisons pour éviter de troubler la bonne harmonie qui, à son grand avantage, régnait entre elle et l'Espagne depuis le traité de Bâle : que si cette nation, dont la générosité, l'énergie et l'amour pour ses Rois était passée en proverbe, s'était soumise par principe de fidelité aux caprices du despotisme couvert du voile de la majesté; par le même principe elle déploirait son courage reconnu, si elle croyait menacées l'indépendance et la sûreté d'un Prince qu'elle idolâtrait : que si malheureusement la France se portait à un pareil attentat, elle perdrait un allié dont les armées, la marine et les trésors avaient puissamment secondé ses triomphes : que l'Angleterre, qui avait en vain fait tous ses efforts pour égarer la bonne foi de l'Espagne et la séparer de la France, mettrait à profit cette conjoncture pour diminuer les forces de ses ennemis, et augmenter les siennes par des relations pacifiques avec une puissance à qui elle prêterait des secours en armes, trésors et marine, afin de l'aider dans la glorieuse entreprise de défendre la liberté et la sûreté de son Roi et de son Seigneur naturel : que les faibles colonies de la France ne verraient plus alors les forces maritimes de l'Espagne occupées à traverser les projets de conquête de la Grande-Bretagne : et que de même le commerce de cette monarchie n'aurait plus à soutenir dans les marchés espagnols, la concurrence privilégiée des marchandises françaises.

A ces réflexions qui intéressent les deux états, j'en joignis d'autres non moins puissantes et relatives à la réputation du cabinet français.

Je rappelai au Ministre que le 27 octobre dernier il avait été conclu un traité par lequel l'Empereur garantissait l'indépendance et l'intégrité de la monarchie espagnole, telle qu'elle se trouvait à cette époque; qu'il n'était survenu depuis aucun événement qui pût justifier l'infraction de ce traité, car, bien loin de-là, l'Espagne avait acquis de nouveaux titres à la confiance et à la reconnaissance de l'empire français, et que S. M. I. même en avait fait l'aveu, en rendant hommage à la bonne foi et à l'amitié constante de son intime et premier allié.

Quelle confiance, ajoutai-je, pourront inspirer dorénavant à l'Europe les traités de la France, après la perfidie avec laquelle on a

violé celui du 27 octobre ? Quel sera d'un
autre côté son étonnement, lorsqu'elle con-
naîtra les moyens captieux, les trompeuses
caresses et les feintes promesses dont S. M. I.
s'est servie pour tenir le Roi prisonnier à
Bayonne ; le dépouiller d'une couronne à
laquelle il a été appelé par les lois fondamentales du royaume, en vertu de l'abdication volontaire de son auguste père, et au
grand contentement de ses peuples ? La postérité se refusera à croire que l'Empereur ait
pu porter un coup si funeste à sa réputation
dont la perte ne lui laisse d'autres moyens
pour terminer ses guerres que la dévastation
et la mort.

Alors l'Empereur, qui était dans son
cabinet à écouter la conférence, m'ordonna
d'y entrer. A ma grande surprise, S. M. I. me
prodigua toutes sortes d'outrages, en me
donnant l'infâme nom de traître, par la seule
raison que j'avais été ministre de Charles IV,
et que je continuais à l'être de son fils
Ferdinand VII. Il me reprocha, avec amertume, d'avoir soutenu, dans une conférence
officielle avec le général Monthou, que
Ferdinand VII n'avait pas besoin d'être reconnu par l'Empereur pour être Roi d'Espagne ; malgré que cette formalité fût d'ail-

leurs indispensable pour continuer les relations avec le gouvernement français. S. M. I. se montra bien plus irritée, en me rappelant que j'avais dit à un ministre étranger, accrédité à la cour d'Espagne, que si l'armée française blessait l'intégrité et l'indépendance de la souveraineté espagnole, trois cent mille hommes feraient connaître qu'on n'insulte pas impunément une nation grande et généreuse.

Après ces injures qui étaient aussi honorables pour moi, attendu le motif qui les dictait, que peu convenables à l'auguste personne qui les proférait, S. M. I., avec son âpreté ordinaire, agita les différens points de ma discussion avec le ministre. Elle reconnut la vérité de mes raisonnemens, la solidité des principes avec lesquels j'avais défendu les droits du Roi et de sa dynastie et ceux de la nation ; cependant elle termina l'entretien par ces paroles : *J'ai une politique à moi; vous devez adopter des idées plus libérales et être moins sensibles sur le point d'honneur, et ne pas sacrifier la prospérité de l'Espagne à l'intérêt de la famille des Bourbons.*

L'Empereur se méfiant de ma docilité à suivre les avis qu'il daigna me donner en me renvoyant de son audience, fit dire au Roi

que pour arranger une affaire de cette nature,
il fallait un négociateur plus flexible. Pendant
que S. M. délibérait sur le choix de la personne qui devait me succéder dans cette négociation, il se présenta à D. Juan Descoigniz,
un des nombreux agens qui jouaient des rôles
dans cette intrigue, lequel lui persuada d'aller
visiter le ministre Champagny. Il se rendit
en effet, animé du zèle le plus ardent pour
les intérêts du Roi, et il obtint que le ministre
des relations extérieures lui dictât les nouvelles propositions que l'Empereur faisait.
M. Descoigniz les écrivit lui-même : elles sont
copiées à la lettre sous le n.° 4 des pièces
justificatives.

Le Roi s'étant informé des qualités qui
ornaient S. Ex. D. Pierre Labrador, ministre
de S. M. près la cour de Florence, et conseiller
honoraire d'état, il l'autorisa avec de pleins
pouvoirs, et les instructions convenables (qui
sont celles du n.° 4), en lui ordonnant de
présenter les premières au ministre des relations extérieures, et d'en exiger d'autres pa-
reilles, et que les propositions de S. M. I. se
fissent avec toute l'authenticité requise. M. de
Champagny se refusa à toutes ces demandes,
sous le frivole prétexte que c'étaient de
simples formes absolument étrangères à
l'essence

l'essence de la négociation. M. Labrador insista sur la nécessité des titres qu'il demandait, sur-tout dans une affaire d'une si haute importance ; il ajouta que sans ces pièces il ne pouvait aborder aucune discussion, et que le Roi son maître les exigeait, pour varier, s'il était nécessaire, les instructions que S. M. lui avait données ; tous ses efforts furent vains. Cependant M. de Champagny frissonna sur les dernières propositions de l'Empereur, lesquelles différaient un peu, il est vrai, de celles que le général Savary avait présentées, mais sans être moins irritantes ni moins violentes, et il finit son discours, en disant à M. Labrador, *qu'il tenait entre ses mains la prospérité de l'Espagne et la sienne.*

Ce ministre reprit qu'il rendrait compte au Roi son maître des dernières propositions de l'Empereur : il fit à leur sujet les observations qu'on devait attendre de son talent reconnu et de son invariable zèle pour le service de S. M. et pour le bien de la patrie. Il déclara que la prospérité du monarque et celle de la nation étaient intimément liées l'une à l'autre : qu'il avait sacrifié toutes ses veilles à ces deux objets dans les différens emplois qu'il avait exercés, ayant eu le bonheur de mériter toujours les témoignages les plus flatteurs de la part du gouvernement, et qu'en effet il tenait entre ses mains sa propre fortune, avec d'autant plus de raison qu'en la faisant consister dans la réputation dont il jouissait, d'être un fidèle serviteur du Roi et de l'Espagne, il ne dépendait que de lui seul de la conserver comme une nouvelle preuve de son incorruptible droiture.

Avant de terminer la conférence, M. Labrador demanda cathégoriquement si le Roi était libre : on répondit qu'il n'y avait pas de doute à cela ; en ce cas, reprit M. Labrador, S. M. pourra s'en retourner dans ses états. Le ministre répliqua qu'à l'égard de son retour en Espagne, il fallait que le Roi se mît d'accord avec S. M. I. et R., verbalement ou par écrit.

Cette réponse, jointe à d'autres preuves, ne permit plus au Roi de douter qu'il ne fût prisonnier à Bayonne. Cependant, afin de donner plus d'authenticité à la violence qu'on employait envers Sa Majesté, je passai, d'après ses ordres, une note qui est celle du n.º 5, au ministre des relations extérieures, par laquelle je déclarais que le Roi était décidé à prendre la route de Madrid, afin de calmer l'agitation de ses chers sujets, et de pourvoir à l'expédition des affaires du royaume, et qu'il

donnait pleine assurance de continuer à s'en--
tendre avec S. M. I. sur les objets d'utilité
réciproque : cette note resta sans réponse , et
n'eut d'autre résultat que celui de faire garder
avec plus de précaution et de vigilance la
personne de S. M.

M. Labrador n'était pas non plus l'homme
qu'on cherchait, car il fut exclu sur-le-champ ,
sous prétexte que son rang ne répondait pas
à celui de M. Champagny , et que son maitre
était peu docile.

Les efforts de la diplomatie n'avaient pu
triompher de la fermete du Roi , ni du zèle
de ses représentans et des personnes de sa
suite qui avaient deliberé sur les intérêts de
S. M. et de la nation , dans une assemblée
présidée par le Roi même. L'Empereur se vit
donc forcé à changer de batterie. Pour consommer son œuvre, il resolut d'emmener les
anciens Rois à Bayonne, afin de les rendre
l'instrument de l'oppression et du malheur de
leur fils. En conséquence , il ordonna au
Grand-Duc de Berg de dresser ses machines
pour envoyer leurs Majestés à Bayonne.

Les Rois y consentirent , sous la condition
que le favori les précédàt : le Grand-Duc
demanda à plusieurs reprises son élargissement
à la *junta* de gouvernement, celle-ci se voyant

sans facultés pour accéder à une pareille demande, parce que le Roi les lui avait restreintes
à cet égard à *Vittoria*, comme on a vu plus
haut ; mais surprise par les instigations de
S. M. I., et intimidée par les menaces d'obtenir
par une force irrésistible ce qu'on ne voudrait
pas accorder de bon gré, elle consentit à
mettre Don Emmanuel Godoy en liberté. Il
fut sur-le-champ conduit à Bayonne ; le décret
n.º 6, écrit de la main du Roi et envoyé au
conseil de Castille, est une preuve authen-
tique de la résolution de S. M. sur cet objet.

Les anciens Rois firent leur voyage avec
bien plus de célérité que ne le permettait le
dangereux état de la santé de S. M. Charles IV.
Telle était l'inexorable volonté de l'Empereur.
L'entreprise de S. M. I. n'était pas facile. Pour
y réussir, il lui fallait effacer et arracher du
cœur de l'ancien Roi la tendresse qu'il avait
pour son fils aîné, et que n'avait pu éteindre
la plus horrible intrigue de cour. Il fallait en
outre que ces pères, qui chérissaient quelques-
uns de leurs enfans, fissent succéder à l'amour
paternel la plus froide et la plus cruelle indifférence. Pour réaliser ces projets, Napoléon
exigea que les anciens Rois devinssent l'instrument de la misère, de l'avilissement de

leurs enfans. La nature épouvantée le vit obtenir tout ce qu'il voulait.

J'ai démontré que l'abdication de Charles IV, à Aranjuez, avait été volontaire, et qu'elle avait été dictée par le penchant que S. M. témoignait pour la vie retirée. A Bayonne, il dit à son fils qu'il ne voulait pas régner ni retourner en Espagne. Cependant il exige que S. M. renonce en sa faveur à la couronne pour en faire présent à l'Empereur ; c'est-à-dire à un souverain qui a été en partie l'artisan de tous les malheurs de l'Espagne, la seule cause de la destruction de nos escadres, l'origine de toutes nos craintes et de toutes les alarmes de la Cour et de la nation, ainsi que du voyage projeté de la famille royale à Séville et en Amérique; voyage que l'explosion du 17 mars empêcha de réaliser.

Que tous les souverains de l'Europe jugent s'il est possible qu'un Roi, chérissant ses enfans, doué d'intelligence, pénétré des principes de la religion, et pieux sans superstition, oublie dans un moment, à moins d'être poussé par la violence, tous les rapports de famille, et signe la proscription de sa dynastie, pour en appeler une autre qu'il n'estime pas, qu'il déteste au contraire, comme ayant envahi les trônes qui peuvent flatter son ambition;

c'est peut-être le premier exemple semblable que nous trouverons dans l'histoire.

Le Roi Ferdinand VII, conduit par le respect, prisonnier et forcé par les événemens, fit, le 1.er mai, une abdication conditionnelle de sa couronne en faveur de son auguste père, laquelle se trouve dans le n.º 7. A cette démarche succédèrent la lettre du Roi Charles IV à son fils (n.º 8), et la très-prudente réponse du Roi fils à son père (n.º 9).

Le 5 du même mois de mai, à quatre heures après midi, l'Empereur se rendit chez les anciens Rois, et leur entretien se prolongea jusqu'à cinq heures. Alors le Roi Ferdinand fut appelé par son auguste père pour entendre, en présence de la Reine et de l'Empereur, des expressions et des injures si infâmantes, que la plume se refuse à les copier. Ils étaient tous assis, excepté le Roi Ferdinand. Son père lui ordonna de dresser une renonciation absolue, s'il ne voulait pas être traité, avec toute sa suite, comme un usurpateur de la couronne, et comme un conspirateur contre les jours de son père.

Ferdinand eût bravé la mort ; mais ne voulant pas envelopper dans son malheur tous ceux qui se trouvaient compris dans l'anathème de Charles IV, il se vit forcé de signer une autre renonciation (n.° 10), qui porte avec elle tous les caractères de la violence, et qui ne sert pas même à colorer l'usurpation projetée par l'Empereur.

Voilà les seules renonciations dans lesquelles je sois intervenu en qualité de ministre secrétaire d'état. Je n'ai pas eu la moindre connaissance de celle qu'on dit avoir été faite à Bordeaux : mais je sais positivement que l'Empereur, en faisant ses adieux au Roi Ferdinand, lui dit : *Prince, il faut opter entre la cession et la mort.*

Au reste, tout le monde sait que S. M. Charles IV céda la couronne à l'Empereur, tandis qu'on forçait celui qu'on supposait prince des Asturies, ainsi que son frère S. A. S. l'Infant D. Charles et son oncle S. A. S. l'Infant D. Antoine, à céder pareillement tous leurs droits, et que l'empereur se croyant déjà maître de la couronne d'Espagne, la plaça sur la tête de son frère Joseph Napoléon, roi de Naples.

On a vu plus haut, que le Roi, malgré qu'il supposât son voyage de courte durée, avait jugé à propos de créer une assemblée sous la présidence de S. A. l'Infant D. Antoine, en lui donnant les facultés les plus étendues pour expédier, au nom de S. M., toutes les affaires dont l'urgence ne permettrait pas de consulter le monarque.

Toutes les nuits j'expédiais un courrier à cette *junta*, pour lui communiquer tout ce qui pouvait intéresser ses démarches et ses délibérations. Dès que le Roi fut arrivé à Bayonne, et qu'on lui notifia sur-le-champ la résolution violente et ambitieuse de l'Empereur, je commençai à soupçonner que les courriers extraordinaires seraient interceptés: ce qui arriva en effet. Dans l'explication que j'eus avec le ministre Champagny, on doit remarquer sur-tout la réponse que fit ce ministre à une réclamation que je lui adressai. (Cette réponse se trouve au n.º 11 des pièces justificatives.)

D'après cela, je pris la précaution de doubler les communications par différens conduits. Par ce moyen je parvins à faire connaître à la junte de gouvernement, l'état d'oppression et de captivité où se trouvait le Roi.

Il était facile de prévoir que la liberté de la *junta* ne serait pas respectée, puisque, malgré toutes les promesses et toutes les garanties de l'Empereur, on avait attenté à celle du Roi, même à Bayonne. Il était facile de croire également que les intentions généreuses de quelques-uns des membres de la junte, développées avec énergie, seraient étouffées par la force irrésistible du représentant de l'Empereur. A cette malheureuse circonstance on doit attribuer sans doute le défaut de n'avoir point consulté l'état d'abandon dans lequel se trouvait le royaume, pour parer aux inconvéniens qui devaient en résulter, en créant un conseil de régence dans un endroit sûr et qui se trouvât à l'abri des baïonnettes ennemies.

Le Roi voyant avec étonnement que la junte n'avait point écrit par le retour du courrier, et qu'elle avait pris des précautions si nécessaires sans perdre un instant, je lui passai un ordre du Roi, afin qu'elle prît toutes les mesures que demandait le service de S. M. et du royaume, et que pour y parvenir elle eût à déployer toutes les ressources que le Roi emploierait s'il se trouvait dans ses états (1).

On ne pouvait rien dire de plus. La sûreté dans les communications diminuait à chaque instant, et je ne devais pas attendre que

----

(1) Le courrier de cabinet qui portait cet ordre fut intercepté : alors j'en envoyai un par *duplicata*, qui parvint à la junte, et dont la minute est une des pièces que je n'ai pu sauver.

l'Empereur respectât le secret de la correspondance , puisqu'il n'avait pas respecté la
personne du souverain à qui elle appartenait.

Cependant la *junta* crut devoir consulter
S. M., et lui demander ses ordres au sujet de
différentes mesures qu'elle regardait comme
nécessaires pour sauver le royaume ; par
conséquent elle dépêcha à Bayonne une
personne digne de la plus grande confiance ,
dont le zèle, pour le service du Roi était universellement reconnu, et qui était chargée de
soumettre verbalement à S. M. les propositions suivantes :

1.º Si S. M. jugeait à propos d'autoriser la
junte pour se substituer, au cas de besoin , en
une ou plusieurs personnes prises dans son
sein ou ailleurs, au choix de S. M.; ou pour
désigner l'assemblée autorisée à cet effet,
afin de se transporter à l'endroit où l'on
pourrait agir librement.

2.º Si S. M. voulait que les hostilités contre
les Français commençassent, et quand cela
devait se faire.

3.º Si S. M. voulait aussi que l'on procédât
à empêcher l'entrée de nouvelles troupes en
leur fermant la frontière.

4.º Si le Roi trouvait convenable de convoquer les *Cortès* dans le cas où il fallait un

décret de S. M. adressé au Conseil royal : et comme il serait possible que lorsque la réponse du Roi arriverait, le Conseil ne se trouvât plus en liberté, ce décret serait également adressé à quelque chancellerie ou audience du royaume, qui ne fût pas sous les baïonnettes françaises : enfin de quels objets devraient s'occuper les *Cortès*.

La personne chargée de ces propositions arriva à Bayonne le 4 mai au soir : elles se présenta à moi sur-le-champ : et, après avoir pris connaissance de sa mission, j'en rendis compte au Roi sans perdre un instant.

S. M., après avoir pris en considération les quatre propositions de la junte, expédia deux décrets dans la matinée du 5. L'un était entièrement écrit de sa propre main et adressé à la *junta* de gouvernement, en réponse à ses propositions ; l'autre était signé par S. M. (moi le Roi), et adressé d'abord au Conseil, ou à défaut de celui-ci, à une chancellerie ou audience quelconque du royaume qui se trouverait en liberté.

J'envoyai ces décrets originaux avec tout le secret convenable, et par une voie sûre. Je sais qu'ils furent remis à l'un des ministres qui étaient membres de la *junta*, et qui est déjà absent ; mais on a vu que la *junta* ne fît aucun usage de celui qui la concernait, et qu'elle ne reçut point au conseil celui qui lui était destiné (1).

Les minutes de ces deux décrets n'existent plus, parce que le danger que le Roi courait à Bayonne, et la nécessité de ne point compromettre S. M., m'obligèrent à les déchirer : cependant je m'en rappelle très-bien, et les trois secrétaires de S. M., commis du premier bureau d'état, Eusèbe de Bardax et Azara, don Louis d'Onis et don Evariste Pérès de Castro, qui se trouvaient alors près de moi à Bayonne, et qui virent et lurent lesdits décrets originaux, certifieront qu'ils portaient en substance ce qui suit :

---

(1) Lorsque les deux décrets parvinrent à la junta, il y avait déjà quelques jours qu'elle était sous la présidence du grand-duc de Berg ; et la malheureuse journée du 2 mai était passée. L'Empereur, après le départ des anciens Rois, arracha de cette capitale, avec autant de précipitation que d'indécence, tous les membres de la famille royale, et les conduisit à Bayonne. Cependant il fallait encore s'emparer tout-à-fait de l'administration ; et, pour y parvenir, on imagina la sanglante catastrophe du 2 mai, scène d'horreur et d'iniquité, laquelle répond à la conduite que les Français modernes ont observée dans d'autres pays pour y obtenir des résultats pareils.

Le Roi écrivait à la junte de gouvernement :
« qu'il se voyait privé de sa liberté, et par
» conséquent dans l'impossibilité de rien
» faire par lui-même pour sauver sa per-
» sonne et le royaume ; que, par cette raison,
» il autorisait la junte de la manière la plus
» ample à se transporter en corps, ou en se
» substituant en une ou plusieurs personnes
» qui la représentassent, à l'endroit qu'elle
» jugerait le plus à propos, et à exercer au
» nom de S. M., et comme représentant sa
» personne, toutes les fonctions souveraines ;
» que les hostilités devraient commencer
» aussitôt que l'on mènerait S. M. dans l'in-
» térieur de la France, ce qui n'aurait lieu
» que par la force ; et qu'alors la junte prît
» les mesures qu'elle jugerait les plus conve-
» nables pour empêcher l'entrée de nouvelles
» troupes dans la Péninsule (1). »

____

(1) C'est une chose très-digne de remarque, que le
parfait accord qu'il y a eu au fonds entre la volonté du
Roi, développée à la junte dans le décret du 5 mai, et
la résolution de ses fidèles sujets ; car nous avons vu
que presque toutes les provinces de la monarchie se
levèrent spontanément en même temps contre l'oppression, sans avoir le moindre avis de la volonté de
leur Souverain.

Le décret adressé au conseil royal , ou à son défaut à l'une des chancelleries ou audiences, portait : « Que dans la situation où
» se voyait S. M. , privée de la liberté d'agir
» par elle-même, elle voulait que les *Cortès*
» fussent convoqués dans l'endroit qui pa-
» raîtrait le plus à propos ; que d'abord elles
» ne s'occupassent que de trouver les moyens
» d'accorder les subsides nécessaires pour
» veiller à la défense du royaume, et qu'elles
» demeurassent permanentes pour délibérer
» sur tout ce qui pourrait arriver par la
» suite (1). »

On a déjà vu de quel tortueux moyen avait fait usage l'Empereur, pour arracher en sa faveur la renonciation à la couronne d'Espagne : il ne borna pas là ses violences. Connaissant, malgré son aveugle ambition, les vices de l'acte d'abdication, il tâcha de les

---

(1) Nous, les trois soussignés Secrétaires du Roi, en exercice de décret, certifions avoir vu et lu à Bayonne les deux décrets originaux, rendus par S. M. le 5 mai de cette année, dont il est question dans cet écrit ; certifions en outre que leur contenu en substance, et autant que nous nous le rappelons, est le même qui est ici publié. *Madrid , ce* 1.ᵉʳ *septembre* 1808.

Euzèbe de BARDARI et AZARA ; Louis d'ONIS ; Evariste PÉRÈS DE CASTRO.

corriger en quelque sorte en convoquant une assemblée qu'il appelle nationale , et qui devait se réunir à Bayonne (1).

Il fit nommer cent cinquante Espagnols, à-peu-près, de différentes classes , états et corporations , mais il ne s'en rendit que quatre-vingt-dix. Quelques-uns d'entr'eux , qui représentaient des villes, des tribunaux ou des états, avec des instructions qui avaient à peine l'air de pouvoirs donnés par leurs commettans : mais elles étaient absolument insuffisantes pour l'objet qu'on se proposait. Les membres du Conseil n'eurent aucune espèce de pouvoir ni d'instruction ; et ce fut un moyen qu'adopta le conseil d'accord avec les membres qui partaient , afin de ne point se compromettre involontairement. La plupart des députés n'eurent d'autres pouvoirs que l'ordre de partir, et plusieurs d'entr'eux n'appartenaient à aucun corps ni à aucune classe déterminée.

---

(1) Tout le monde sait que cette assemblée se réunissait à Bayonne en vertu de l'avis publié le 19 mai, pour y préparer la félicité de l'Espagne, en faisant connaître tous les maux produits par le système antérieur, et en proposant en même temps les réformes et les moyens les plus convenables pour les détruire dans toute la nation, et dans chaque province en particulier.

L'Empereur se promettait de la docilité de toutes ces personnes, un titre pour couvrir ses usurpations, mais il fut trompé dans son attente ; car, au lieu de trouver des ames faibles et sensibles aux caresses de l'ambition, il ne rencontra que des ministres incorruptibles, des grands dignes de leur naissance, et d'autres représentans, défenseurs fidèles de l'intérèt et de l'honneur de leur pays. Ils déclarèrent tous que leurs pouvoirs étaient très-bornés, et que par aucun de leurs actes ils ne pouvaient compromettre l'Espagne, puisqu'ils ne la représentaient pas.

Ces observations, et beaucoup d'autres, furent regardées comme des insultes au tribunal de l'usurpateur. Loin d'arrèter le cours de ses attentats, il mit en œuvre tous les moyens d'oppression dont il pouvait disposer. Il se flattait que d'une part les victoires, et de l'autre les presses vendues, donneraient à son usurpation l'apparence de justice dont il avait besoin pour ne pas être regardé, d'un bout de l'univers à l'autre, comme le perturbateur de la tranquillité publique.

Je n'entre pas dans les détails de ce qui arriva dans ce congrès ; quelques-uns des membres du conseil de Castille, qui firent

tant

tant d'honneur à la robe, satisferont peut-être
à cet égard la curiosité du public.

Je dois passer sous silence tout ce que j'ai
souffert pour mon roi et pour ma nation ; ou
plutôt je n'ai rien souffert, puisque tout est
dû à des causes si sacrées. Je jouissais de voir la
maison que j'occupais à Bayonne, environnée
de satellites du gouvernement, auxquels succédèrent les espions, classe qui abonde toutes
les fois que gouvernent ceux qui usurpent
dans l'histoire le titre de *grand*, où, comptant
mes pas, on observait mes visites. Sous le
voile de la compassion, on voulait pénétrer
les secrets de mon ame, mais rien ne pouvait
troubler la tranquillité de mon esprit. Je
savais, par des voies sûres, que j'étais condamné à un exil dans l'intérieur de la France,
jusqu'au moment où l'Empereur jugerait que
la relation que je serais en état de faire de
chaque chronique scandaleuse, ne mit plus
d'entraves à la violente création de la nouvelle souveraineté espagnole. Voilà ce que je
ne pouvais pas supporter patiemment. En
vain j'insistai pendant deux mois auprès du
ministre des relations extérieures, en sollici-
tant mon retour dans ma patrie. La résistance
héroïque qu'elle opposait aux efforts de l'usurpation, fermait l'oreille du gouvernement

G

français a ma réclamation. Il croyait, et ce n'était pas sans raison, que je tâcherais d'enflammer l'héroïsme de mes compatriotes, taxé d'insurrection dans les papiers publics de Bayonne. Dans ces malheureuses circonstances, je trouvai un moyen de me garantir d'un exil indéfini. Joseph Napoléon insista vivement, et à plusieurs reprises, sur ce que je continuasse auprès de lui mon service de ministre, j'y souscrivis et cédai avec répugnance et violence, mais en me réservant le droit de le quitter dans un moment de sûreté.

Je la retrouvai aussitôt mon arrivée à Madrid. Dès cet instant, je ne pensai qu'à chercher l'occasion la plus prompte et la plus favorable pour donner ma démission, ce que j'effectuai dans les termes contenus au n.º 12.

Joseph Napoléon ne dut pas regretter beaucoup la retraite d'un ministre qui s'opposait presque toujours à ses vues (1), et qui, dans l'esprit des personnes qui l'approchaient de plus près, passait pour un homme à

____

(1) Par exemple, la mesure sur les sermens, en vertu de laquelle on voulait contraindre tout le monde, lors de l'arrivée de Joseph Napoléon à Madrid ; et le projet d'exiler le conseil de Castille à Bayonne, pour prix de sa noble résistance.

maximes tellement dignes de Don-Quichotte, qu'il ne pouvait même soupçonner les hautes pensées du plus grand des héros en faveur de la régénération de l'Espagne.

Dans cette exposition, j'ai présenté avec simplicité et fidélité la suite des principaux évenemens de cette époque mémorable. J'ai évité avec le plus grand soin toute espèce de détail ou de particularités étrangères à mon sujet, ou qui pouvaient entraîner des longueurs ; j'ai tâché de présenter à mes lecteurs, sous son véritable point de vue, toute l'injustice et toute la violence du gouvernement français envers notre bien-aimé souverain et envers toute la nation.

Il est donc bien démontré, que la renonciation du roi Charles IV en faveur de son fils le-prince des Asturies, n'est accompagnée d'aucun vice. Dans le léger tableau que nous avons tracé des moyens perfides et trompeurs par lesquels l'Empereur est parvenu au point que nous avons vu, on a fixé pour jamais la suite des insultes horribles faites à l'Espagne et à son malheureux roi Ferdinand VII.

L'Empereur tâche d'épouvanter Charles IV, afin que, par sa fuite en Amérique avec toute la famille royale, il lui abandonne la Péninsule. Il souffle le feu de la discorde entre les anciens Rois et leur fils , afin d'affaiblir l'Espagne en divisant ses habitans, après avoir décrédité ses Rois ; il arrache Ferdinand VII de sa capitale par des paroles mensongères et perfides; il le fait prisonnier à Bayonne ; et lorsqu'il voit que la vertu du jeune Roi résiste à ses embûches, que Ferdinand ne se prête point à l'abdication qu'on lui commande, il fait conduire à Bayonne les anciens Rois et tous les autres membres de la famille royale, afin de les faire comparaître dépouillés de leur liberté, pardevant le tribunal impérial , tout ensemble juge et partie. Il s'efforce d'effacer dans le père et la mère les impressions de la nature , et les oblige à être l'instrument de l'oppression du fils. Il arrache à celui-ci la renonciation la plus illégale et la plus violente qu'on ait jamais vue parmi les hommes; et, par une suite de renonciations entassées avec la même illégalité, il parvient à se croire le maître de la couronne d'Espagne; il la transmet à son frère, sans faire attention à la surprise et à l'alarme que produiront dans les cabinets de l'Europe l'usurpation d'un ami et allié.

Qui pourra donc ne pas regarder comme prouvé jusqu'à l'évidence, que l'abdication signée par Ferdinand VII en faveur de son auguste père, et celle qui se fit ensuite en faveur de l'Empereur, sont absolument nulles? Qui pourra donc ne pas voir que quand même la dernière eût été dictée par une volonté libre, elle ne peut nuire en rien aux droits de la dynastie des Bourbons? Qui ne sait pas qu'à l'extinction de celle-ci, et par l'organisation de la dynastie espagnole, la nation seule peut appeler une autre dynastie ou introduire la forme de gouvernement qu'il lui plaira ?

D'ailleurs, j'ai fait voir que Ferdinand VII avait trop de droiture pour soupçonner que l'Empereur cachât des desseins si atroces. Le Roi voulait soulager l'Espagne de la charge des troupes françaises : il se proposait d'arranger cette affaire, ainsi que d'autres, avec l'Empereur, et rentrer dans ses états avec le fruit des veilles que lui coûtait le bonheur de ses sujets.

Il trouvait tous les momens convenables pour y travailler. Je l'ai vu et je puis l'attester.

Dans son exil, le sort de ses peuples contristait seul son cœur généreux ; et lorsque l'apparence de sa liberté s'éteignait, il leur fit le legs le plus digne de son cœur paternel : tel fut l'ordre pour créer une régence (laquelle fut naturellement réclamée aussitôt que l'on

apprit sa captivité) , et le décret pour convoquer les *Cortès* , afin de délibérer sur les
objets indiqués plus haut.

Le courage et le patriotisme ont armé avec
le plus grand succès toute la nation pour sa
propre défense et pour celle de son roi légitime Ferdinand VII , et cela sans avoir la
moindre connaissance de sa volonté. Le patriotisme et la prudence les réuniront maintenant
d'une manière irrésistible , afin de réaliser
promptement le grand œuvre du gouvernement central ou de régence qui administre le
royaume au nom de Sa Majesté.

Voilà comment , pour le bien de tous , se
trouvera accomplie la dernière volonté que
le Roi voulut bien manifester le moment avant
d'abdiquer violemment la couronne ; voilà
comment la nation , ayant échappé à l'orage
affreux qui la menaçait , aura donné à l'Europe un grand exemple de loyauté , d'honneur
et de courage magnanime qui commandera
l'admiration de tous les siècles et de tous les
pays.

Madrid , le 1.er septembre 1808.

Signé PIERRE CEVALLOS.

PIÈCES JUSTIFICATIVES.

N°. I.

*Traité secret conclu entre S. M. Catholique e
l'Empereur des Français, par lequel les deux
hautes partie contractantes stipulent tout ce qui
est relatif au sort futur du Portugal.*

A Fontainebleau, le 27 octobre 1807.

NAPOLÉON, par la grâce de Dieu et la Constitution, Empereur des Français, Roi d'Italie, et Protecteur de la Confédération du Rhin, ayant vu et examiné le Traité conclu, arrêté et signé à Fontainebleau, le 27 octobre 1807, par le général de division Michel Duroc, Grand-Maréchal de notre palais, grand cordon de la Légion d'honneur, etc. etc., en vertu des pleins pouvoirs que nous lui avons conférés à cet effet, avec Don Eugène Izquierdo de Ribero et Lezan, Conseiller honoraire d'état et de guerre de S. M. le Roi d'Espagne, également muni de pleins pouvoirs, duquel traité la teneur suit.

S. M. l'Empereur des Français, etc. et de S. M. Catholique le Roi d'Espagne, voulant régler, d'un commun accord, les intérêts des deux états, et déterminer le sort du Portugal de manière à concilier la politique des deux pays, ont nommé, pour leurs ministres plénipotentiaires, savoir : S. M. I., etc. et S. M. C., etc. (*vide supra*) lesquels, après avoir échangé leurs pleins pouvoirs, sont convenus de ce qui suit.

ART. Ier La province entre le Minho-et-Douro, avec la ville de Porto, sera donnée en toute propriété et souveraineté à S. M. le Roi d'Etrurie, avec le titre de Roi de la Lusitanie septentrionale.

Art. II. La province d'Alentejo et le Royaume des Algarves seront donnés en toute propriété et souveraineté au prince de la paix, pour en jouir sous le titre de Prince des Algarves.

Art. III. Les provinces de Beira, Tra-los-Montes et d'Estramadure portugaise, resteront en dépôt jusqu'à la paix générale, pour en être disposé suivant les circonstances et suivant ce qui sera convenu entre les deux hautes parties contractantes.

Art. IV. Le royaume de la Lusitanie septentrionale sera possédé par les descendans de S. M. le Roi d'Etrurie héréditairement, et en suivant les lois de succession qui sont en usage dans la famille régnante de S. M. le Roi d'Epagne.

Art. V. La principauté des Algarves sera possédée par les descendans du Prince de la Paix héréditairement, et en suivant les lois de succession qui sont en usage dans la famille régnante de S. M. le Roi d'Espagne.

Art. VI. Au défaut des descendans ou héritiers légitimes du Roi de la Lusitanie septentrionale ou du Prince des Algarves, ces pays seront donnés par investiture par S. M. le Roi d'Espagne, sans que jamais ils puissent être réunis sur la même tête ou couronne d'Espagne.

Art. VII. Le royaume de la Lusitanie septentrionale et la principauté des Algarves reconnaîtront pour protecteur S. M. le Roi d'Epagne, et dans aucun cas les Souverains de ces pays ne pourront faire ni la paix ni la guerre sans son intervention.

Art. VIII. Dans le cas où les provinces de *Beira*,

Tra-los-Montes, *Estramadure portugaise*, tenues en séquestre, seraient rendues, à la paix générale, à la maison de Bragance, en échange de Gibraltar, la Trinité, etc. et autre colonies que les Anglais ont conquis sur l'Espagne et ses alliés, le nouveau Souverain de ces provinces auraient, part rapport à S. M. le Roi d'Espagne, les même liens que le Roi de Lusitanie septentrionale et que le Prince des Algarves, et elles seront possédées par lui aux mêmes conditions.

Art. IX. S. M. le Roi d'Etrurie cède en toute propriété et souveraincté le Royaume d'Etrurie à S. M. l'Empereur des Français et Roi d'Italie.

Art. X. Lors de l'occupation définitive des provinces de Portugal, les différens Princes qui devront les posséder nommeront des commissaires pour fixer les limites naturelles.

Art. XI. S. M. l'Empereur des Français, Roi d'Italie, garantit à S. M. C., le Roi d'Espagne, la possession de ses états du continent de l'Europe, situés au midi des Pyrenées.

Art. XII. S. M. l'Empereur des Français, Roi d'Italie, s'engage à reconnaître S. M. C., le Roi d'Espagne, comme Empereur des deux Amériques, lorsque tout sera préparé pour que S. M. puisse prendre ce titre, ce qui pourra être à la paix générale, ou, au plus tard, dans trois ans.

Art. XIII. Les deux hautes puissances contractantes s'entendront pour faire un partage égal des îles, colonies et autres propriétés outre-mer du Portugal.

Art. XIV. La présente convention demeurera secrète : elle sera ratifiée et les ratifications en seront échangées à Madrid, vingt jours au plus tard après la signature.

Fait à Fontainebleau, le 27 octobre 1807.

Signés DUROC, C. IZQUIERDO.

Avons approuvé, etc.................. *Signé* NAPOLEON

Le Ministre des relations extérieures,

Signé CHAMPAGNY.

N.º I I.

Convention secrète signée à Fontainebleau, entre S. M. le Roi d'Espagne et S. M. l'Empereur des Français, par laquelle les deux hautes parties contractantes règlent tout ce qui est relatif à l'occupation du Portugal.

NAPOLÉON, par la grâce de Dieu, etc., et S. M. C. le Roi d'Espagne, voulant régler ce qui est relatif à l'occupation et à la conquête du Portugal, ainsi qu'il a été stipulé par le traité de ce jour, ont nommé, savoir, comme ci-dessus.

ART. I.ᵉʳ Un corps de troupes impériales françaises, de vingt-cinq mille hommes d'infanterie et de trois mille hommes de cavalerie, entrera en Espagne, et marchera droit sur Lisbonne. Il y sera joint un corps de huit mille hommes d'infanterie et de trois mille hommes de cavalerie de troupes espagnoles, avec trente pièces d'artillerie.

ART. II. Pendant le même temps une division de troupes espagnoles, forte de dix-huit mille hommes, prendra possession de la province d'*Entre Minho-et-Douro* et de la ville de *Porto*, et une autre division, forte de six mille hommes, et aussi composée de troupes espagnoles, prendra possession de la **province** d'*Alentejo* et du royaume des *Algarves*.

ART. III. Les troupes françaises seront nourries et entretenues par l'Espagne, et leur solde sera payée par la France, pendant tout le temps de leur passage en Espagne.

ART. IV. Du moment que les troupes combinées seront entrées en Portugal, les provinces de *Beira*, *Tra-los-Montes* et *Estramadure portugaise* qui doivent rester en séquestre, seront administrées et gouvernées par le général commandant les troupes françaises, et les contributions qui y seront frappées tomberont au profit de la France. Les provinces qui doivent former le royaume de la Lusitanie septentrionale et la principauté des Algarves, seront administrées et gouvernées par les généraux commandans les divisions espagnoles qui y entreront, et les contributions qui y seront frappées tomberont au pouvoir de l'Espagne.

ART. V. Le corps du centre sera sous les ordres du général commandant les troupes françaises auxquelles seront soumises les troupes espagnoles qui leur seront jointes; néanmoins, si le Roi d'Espagne ou le Prince de la Paix jugent à propos de se rendre à ce corps d'armée, le général commandant les troupes françaises et ses troupes seront à leurs ordres.

ART. VI. Un nouveau corps de quarante mille hommes de troupes françaises sera réuni à Bayonne, au plus tard, le 20 novembre prochain, pour être prêtes à entrer en Espagne, pour se porter à entrer en Portugal dans le cas où le Anglais enverraient des renforts et menaceraient de l'attaquer. Le nouveau corps n'entrera cependant en Espagne qu'après que les deux hautes puissances contractantes se seront entendues à cet effet.

Art. VII. La présente Convention sera ratifiée, et les échanges de ratification auront lieu en même temps que celle du traité de ce jour.

Fait à Fontainebleau, le 27 octobre 1807.

Signé DUROC, C. IZQUIERDO.

Avons approuvé à Fontainebleau, le 2 novembre 1807.

Signé NAPOLÉON.

Le Ministre CHAMPAGNY.

Par l'Empereur,

Le Ministre Secrétaire-d'Etat,

Signé HUGUES MARET.

N.º I I I.

Lettre de S. M. l'Empereur des Français, etc.

Mon frère, j'ai reçu la lettre de V. A. R. Elle doit avoir acquis la preuve, dans les papiers qu'elle a eus du roi son père, de l'intérêt que je lui ai toujours porté. Elle me permettra, dans la circonstance actuelle, de lui parler avec franchise et loyauté. En arrivant à Madrid, j'espérais porter mon illustre ami à quelques réformes nécessaires dans ses états, et à donner quelques satisfaction à l'opinion publique. Le renvoi du Prince de la Paix me paraissait nécessaire pour son bonheur et celui de ses sujets. Les affaires du nord ont retardé mon voyage. Les événemens d'Aranjuez ont eu lieu. Je ne suis point juge de ce qui s'est passé et de la conduite du Prince de la Paix ; mais ce que je sais bien, c'est qu'il est dangereux pour les rois d'accoutumer les peuples à répandre du sang et à se faire justice eux-mêmes. Je prie Dieu que V. A. R. n'en fasse pas elle-même un jour l'expérience. Il n'est pas de l'intérêt de l'Espagne de faire du mal à un prince qui a épousé une princesse du sang royal, et qui a long-temps régi le royaume. Il n'a plus d'amis ; V. A. R. n'en aura plus si jamais elle est malheureuse. Les peuples se vengent volontiers des hommages qu'ils nous rendent. Comment d'ailleurs pourrait-on faire le procès au Prince de la Paix sans le faire à la Reine et au Roi votre père ? Ce procès alimentera les haines et les passions factieuses. Le résultat sera funeste pour votre couronne. V. A. R. n'y a des droits que ceux que lui a transmis sa mère. Si le procès la déshonore, V. A. R. déchire par-là ses droits. Qu'elle ferme l'oreille à des conseils faibles et perfides. Elle n'a pas le droit de juger le Prince de la Paix. Ses crimes, si on lui en reproche, se perdent dans les droits du trône. J'ai souvent manifesté le désir que le Prince de la Paix fût éloigné des affaires. L'amitié du roi Charles m'a porté souvent à me taire et à détourner les yeux des faiblesses de son attachement. Misérables hommes que nous sommes ! faiblesse et erreur, c'est notre devise. Mais tout cela peut se concilier. Que le Prince de la Paix soit exilé d'Espagne, et je lui offre un refuge en France. Quant à l'abdication de Charles IV, elle a eu lieu dans un moment où nos armées couvraient les Espagnes, et aux yeux de l'Europe et de la postérité, je paraîtrais n'avoir envoyé tant de troupes en Espagne que pour précipiter du trône mon ami et mon allié. Comme souverain voisin, il m'est permis de vouloir connaître, avant de reconnaître cette abdication. Je le dis à V. A. R., aux Espagnols, au monde entier, si l'abdication du roi Charles est de pur mouvement ; s'il n'a pas été forcé par l'insurrection et l'émeute d'Aranjuez, je ne fais aucune difficulté de l'admettre , et reconnais V. A. R. comme roi d'Espagne. Je désire donc causer avec elle sur cet objet. La circonspection que je porte depuis un mois dans ces affaires doit lui être un sûr garant de l'appui qu'elle trouvera en moi, si, à son tour, des factions de quelque nature qu'elles fussent, venaient à l'inquiéter sur son trône. Quand le roi Charles me fit part de l'événement du mois d'octobre dernier, j'en fus douloureusement affecté, et je pense avoir contribué, par les insinuations que j'ai faites , à la bonne issue de l'affaire de l'Escurial. V. A. R. avait bien des torts : je n'en veux pour preuve que la lettre qu'elle m'a écrite et que j'ai constamment voulu ignorer. Roi à votre tour, elle saura combien les droits du trône sont sacrés. Toute démarche près d'un souverain étranger de la part d'un prince héréditaire est criminelle. Le mariage d'une princesse française avec V. A. R., je le tiens conforme aux intérêts de mon peuple, et sur-tout comme une circonstance qui m'attacherait par de nouveaux liens à une maison dont je n'ai eu qu'à me louer depuis que je suis monté sur le trône. V. A. R. doit se méfier des écarts, des émotions populaires. On pourra commettre quelques meurtres sur mes soldats isolés ; mais la ruine de l'Espagne en serait le résultat. J'ai vu déjà avec peine qu'à Madrid on ait répandu des lettres du capitaine général de la Catalogne , et fait tout ce qui pouvait donner du mouvement aux têtes. V. A. R. connaît ma pensée toute entière Elle voit que je flotte entre diverses idées qui ont besoin d'être fixées. Elle peut être certaine que dans tous les cas je me comporterai avec elle comme envers le Roi son père ; qu'elle croie mon désir de tout concilier et de trouver des occasions de lui donner des preuves de mon affection et de ma parfaite estime. Sur ce, je prie Dieu qu'il vous ait, mon frère, en sa sainte garde.

A Bayonne, le 16 avril 1808.

Signé **NAPOLÉON.**

N.º I V.

Instructions données à S. Exc. Don Pierre Gomès Labrador.

V. Exc. connaît les propositions faites par le général Savary le même jour de l'arrivée du Roi dans cette ville. V. Exc. sait aussi ce qui se passa dans la conférence où elles furent discutées par moi avec le ministre des relations extérieures. Les nouvelles propositions que celui-ci présente, quoiqu'un peu différentes, n'en sont pas moins répugnantes que les premières ; les voici :

I.re Que l'Empereur a décidé irrévocablement que la dynastie des Bourbons ne règne plus en Espagne.

II.e Que le Roi devra céder son droit personnel à la couronne pour lui et pour ses enfans s'il en avait.

III.ᵉ Que s'il consent à cela, on lui donnera pour lui et ses descendans la couronne d'Etrurie *avec la loi salique.*

IV.ᵉ Que l'Infant don Charles cédera ses droits également, et qu'il en aura à la couronne d'Etrurie au défaut de la descendance du Roi.

V.ᵉ Que le royaume d'Espagne appartiendra dorénavant à l'un des frères de l'Empereur.

VI.ᵉ Que l'Empereur garantit son intégrité totale et celle de toute ses colonies, sans en démembrer un seul village.

VII.ᵉ Qu'il garantit pareillement le maintien de la religion et la conservation des propriétés, etc.

VIII.ᵉ Que si le Roi ne donnait pas son adhésion à ce traité, il demeurera sans indemnisation, et S. M. I. le fera exécuter bon gré mal gré.

IX.ᵉ Que si S. M. se convient, et demande à s'unir avec sa nièce, on assurera cette union aussitôt que le traité sera signé.

Ces propositions ont été discutées dans l'assemblée présidée par le Roi. L'avis que j'y ouvris fut adopté par V. Exc. et par les autres membres, et approuvé par S. M. Elle veut que les instructions de V. Exc. y soient conformes.

V. Exc. sait que les promesses les plus flatteuses, ainsi que les sûretés les plus satisfaisantes, ont été prodiguées au Roi par l'ambassadeur de France et par le général Savary, de la part de l'Empereur, sur ce que celui-ci ne ferait pas la moindre difficulté de le reconnaître comme Souverain des Espagnes, et qu'il ne voulait au préjudice de l'intégrité de son royaume. Ces promesses firent sortir S. M. de Madrid,

pour

pour aller au devant de son intime allié, lequel, d'après les rapports des trois personnages cités, était déjà en Espagne et marchait vers Madrid, où il avait un logement préparé, digne de son haut rang. Le voyage de l'Empereur fut différé, et S. M., séduite par de nouvelles assurances du général Savary, au nom de S. M. I., continua sa route jusqu'à cette ville.

V. Exc. devra demander à M. de Champagny si le Roi jouit d'une entière liberté. Dans ce cas, S. M. pourra rentrer dans ses états, pour entendre le plénipotentiaire que l'Empereur nommera : dans le cas contraire, V. Exc. sait que tout acte est absolument nul; par conséquent celui dont il est question n'aurait d'autre effet que de porter atteinte à la réputation de l'Empereur aux yeux de l'univers entier qui les tient fixés sur ses actions, et qui connaît très-bien tout ce que l'Espagne a fait en faveur de la France.

J'ai montré à V. Exc. le traité du 27 octobre, par lequel l'Empereur a garantit l'intégrité des Espagnes, dans son Roi, dans le titre d'Empereur des deux Amériques. Il n'est survenu aucun événement qui puisse détruire ce traité ; au contraire, l'Espagne a acquis de nouveaux titres à la reconnaissance de la France.

Le Roi est décidé à ne point acquiescer aux demandes de l'Empereur. Son honneur, ce qu'il doit à ses sujets le lui défendent : il ne peut pas les obliger à reconnaître la dynastie de Napoléon ; et encore moins les priver du droit qu'ils ont de choisir une autre famille souveraine, à l'extinction de celle qui règne maintenant. Le Roi montre une égale répugnance à accepter en indemnité la couronne d'Etrurie. Car, outre que ce royaume a son légitime Souverain à qui S. M. ne veut causer aucun tort, le Roi se trouve satisfait de la couronne que la Providence lui a destinée, et ne veut pas se séparer des sujets qu'il chérit en père et qui lui ont donné les preuves les moins équivoques de leur respect et de leur amour.

Si l'Empereur, d'après ces refus, se croit autorisé à employer la force, le Roi attend de la justice divine qui distribue les trônes, qu'elle protégera l'équité de sa cause et celle de ses royaumes.

Comme V. Exc. partage ces sentimens, et qu'elle les a développés avec cette énergie que la justice donne à l'homme d'honneur, dévoué au service du Roi et à celui de la Patrie, il est inutile que j'étende davantage ces instructions : elles sont suffisantes pour un ministre dont le patriotisme et l'attachement aux intérêts de la couronne ont inspiré au Roi la plus grande confiance.

Dieu garde V. Exc. plusieurs années.
Bayonne, le 27 avril 1808.

Signé PIERRE CEVALLOS.

N.° V.

Note envoyée au Ministre d'Etat de l'Empereur par S. Exc. DON PIERRE CEVALLOS *, le 28 avril* 1808.

MONSIEUR,

L'agitation qui règne dans tous les esprits de la nation espagnole, a pu se contenir jusqu'à présent, parce qu'elle a vu imprimées et publiées par le

Grand-Duc de Berg , et par tous les généraux qui se trouvent en Espagne , les sentimens de paix , d'amitié , de bonne intelligence que l'Empereur des Français , Roi d'Italie , désirait conserver avec le Roi mon maître , et par laquelle elle a vu en outre les assurances que l'Ambassadeur de S. M. I. à Madrid , le Grand-Duc de Berg et le général Savary donnèrent à S. M. sur la prochaine arrivée de l'Empereur dans cette ville , et en vertu desquelles le Roi se décida à aller au-devant de lui jusqu'à Burgos ; voulant en même temps lui donner publiquement cette marque de son amitié et de la haute considération qu'il avait pour son auguste personne. Cependant on ne peut plus répondre de la tranquillité de tant de peuples , sur-tout depuis qu'ils savent que leur Roi se trouve , depuis six jours , à Bayonne , et qu'ils n'ont aucune nouvelle de son retour en Espagne. Dans cet état de chose, S. M. ne peut pas s'empêcher de désirer la tranquillité de ses bien-aimés sujets, et de se rendre au milieu d'eux , afin de calmer leur agitation , et de se livrer au soin des affaires, avec d'autant plus de raison , que par une conduite opposée, il exposerait son peuple à des maux incalculables, et cette responsabilité pèserait pour jamais sur son cœur. Le Roi l'a promis à ses peuples de la manière la plus solennelle , d'après les assurances que l'Empereur lui donna , sur ce qu'il s'en retournerait en Espagne reconnu par S. M. I.

Par conséquent S. M. m'ordonne de faire part de ces idées à V. Exc. , afin que vous vouliez bien les communiquer à S. M. I. : elle y applaudira sans doute. Le Roi mon maître ne prétend pas pour cela interrompre en Espagne les négociations avec

S. M. I., sur les objets qu'elle jugera à propos. Elles seront suivies avec la personne qui sera autorisée à cet effet. (1)

N.º VI

Décret Royal, adressé au Conseil suprême de Castille par S. M. FERDINAND VII.

AU DOYEN DU CONSEIL.

Peu de temps après l'arrestation du Prince de la Paix, le Grand-Duc de Berg, l'Ambassadeur de France et le Général Savary, firent, au nom de l'Empereur mon allié intime, les démarches les plus vives et les plus réitérées, afin que j'ordonnasse de livrer le détenu aux troupes françaises, et que celles-ci le conduiraient en France, où S. M. I. le ferait juger sur les offenses qu'elle en avait reçues. Le plus souvent on accompagna ces

---

(1) Cette note resta sans réponse, et produisit un effet très-contraire à celui que l'on devait attendre dans l'ordre régulier des choses. On doubla les espions intérieurs et les gardes extérieures de la demeure du Roi. S. M. essuya, deux soirs de suite, l'insulte d'un sbire qui, de la porte de la rue, obligea le Roi et S. A. S. l'Infant Don Charles à remonter chez eux. La première fois on s'en plaignit énergiquement; le gouvernement fit des excuses, en témoigna le plus vif regret; cependant il ne prit aucune mesure pour empêcher la deuxième offense. Elles eussent été probablement plus loin si S. M. n'eût pris le parti de ne plus sortir le soir.

demandes de la menace d'obtenir le détenu par la force
en cas de refus. A Vittoria on revint sur le même
sujet avec plus de force. Voulant prendre à cet égard
la résolution la plus convenable, je consultai les Ducs
de l'Infantado et de St-Charles, Don Jean d'Escoigniz,
et Don Pierre Cevallos, mon premier secrétaire d'état,
ce ministre prit la parole et dit : « Sire, si j'écoutais
» mes sentimens personnels, je pencherais pour que
» le Prince de la Paix fût livré ; mais de pareils
» sentimens doivent être étouffés et je les étouffe en
» effet, puisqu'il est question de fixer l'obligation que
» V. M. a contractée de donner une satisfaction à
» votre personne sacrée, et de rendre justice à vos
» sujets offensés par Don Emmanuel Godoy. Cette
» obligation est inhérente à la souveraineté ; et le
» souverain ne peut en faire abstraction, sans fouler
» aux pieds tout ce qu'il y a de plus respectable parmi
» les hommes. Cela posé, je crois qu'il faut répondre
» à l'Empereur dans ce sens, en l'informant en même
» temps que V. M. a promis à son auguste père et
» à son auguste mère, de faire grâce au Prince de
» la Paix de la peine de mort, si le Conseil l'y con-
» damnait. En tenant cette promesse, et sans outre-
» passer l'autorité que les lois accordent à V. M., elle
» donnera au monde une preuve de magnanimité,
» aux chers auteurs de ses jours une marque de
» son amour, et l'Empereur sera satisfait de voir avec
» quelle sagesse V. M. sait concilier les devoirs de
» la justice avec les égards qui sont dus à vos relations
» avec S. M. I. et R. »

Toutes les autres personnes partagèrent un avis
si prudent. Je ne balançai pas un moment à le
suivre et à y ajuster ma résolution.

J'en fais part secrètement au Conseil, tant pour qu'il en prenne connaissance et qu'il ait à s'y conformer , comme pour qu'il prenne les mesures les plus promptes afin de garantir de tout mouvement populaire les maisons et les familles des quatre personnes citées.

A Bayonne, le 26 avril 1808.

Signé MOI LE ROI.

N.º V I I.

Lettre du Roi FERDINAND VII à son Père Charles IV.

Mon respectable Père et Seigneur , V. M. est convaincue que je n'avais eu la moindre influence dans les mouvemens d'Aranjuez, qu'ils étaient dirigés, comme il est notoire, et V. M. le sait très-bien, non pas à la dégoûter du gouvernement et du trône, mais à y maintenir V. M., et à ce qu'elle n'abandonnât point le grand nombre de personnes dont l'existence dépendait absolument du trône même. V. M. daigna également me dire que son abdication avait été spontanée, et que si quelqu'un m'assurait le contraire , que je n'y ajoutasse pas foi, parce que jamais V. M. n'avait rien signé avec plus de plaisir. V. M. me dit maintenant que malgré qu'elle fit l'abdication en toute liberté, elle s'était réservée cependant la faculté de reprendre les rênes du gouvernement, lorsqu'elle le croirait convenable. D'après cela j'ai demandé à V. M. si elle voulait régner de nouveau, et V. M. m'a répondu, que non-seulement elle ne voulait pas régner, mais encore moins retourner en Espagne. Cependant V. M. m'ordonne de renoncer, en sa faveur, à la couronne, que je tiens des lois fondamentales du royaume, en vertu de votre abdication volontaire. Lorsqu'un fils s'est toujours distingué par son amour, son respect et son obéissance envers ses parens, sa piété filiale s'empresse de donner toutes les preuves, tous les témoignages possibles de ces mêmes qualités; et sur-tout quand je vois que mes devoirs de fils ne sont pas en contradiction avec ceux qui, comme Roi, m'attachent à mes bien-aimés sujets, afin que ceux-ci qui méritent, les premiers, tous mes égards, ne soient pas blessés, et qu'en même temps V. M. soit satisfaite de mon obéissance, je suis prêt, d'après les circonstances où je me vois, à faire la renonciation à ma couronne, en faveur de V. M., dans les termes ci-après.

1.º Que V. M. retourne à Madrid, et je la suivrai et la servirai jusques-là, comme votre plus tendre fils. 2.º Que les Cortès seront convoqués à Madrid, et puisque V. M. répugne à une assemblée si nombreuse, on réunira à cet effet tous les tribunaux et les députés du royaume. 3.º Qu'en présence de cette assemblée on légalisera mon abdication, et que j'y exposerai les motifs qui me font adopter cette mesure. Ces motifs sont l'amour que j'ai voué à mes sujets, le désir dont je suis pénétré de répondre à celui qu'ils me témoignent, en leur ramenant le calme et en leur épargnant les horreurs de la guerre civile, par le moyen d'une abdication en vertu de laquelle V. M. remonte au trône et gouverne de nouveau des sujets dignes de votre tendresse et de votre protection. 4.º Que V. M. ne mènera point avec elle des personnes qui se seront justement attiré la haine de la nation. 5.º Que si V. M. comme elle me l'a assuré, ne voulait point régner ni retourner en Espagne, alors je gouvernerai en son nom, comme lieutenant de V. M. Il n'y a personne qui puisse m'être préféré à cet égard ; j'ai le vœu de la loi, celui des peuples et l'amour de mes sujets ; et personne ne peut prendre autant d'intérêt que moi, ni mettre plus d'ardeur à travailler à leur prospérité, ni y être plus obligé. Si mon abdication s'établit sur ces bases, les Espagnols la regarderont comme une preuve de la préférence que je donne à leur conservation sur la gloire de les commander, et l'Europe me tiendra digne de commander des peuples, à la tranquillité desquels j'ai su sacrifier tout ce qu'il y a parmi les hommes de plus séduisant et de plus flatteur. Dieu garde l'intéressante vie de V. M., les longues et heureuses années que désire, prosterné devant V. M., son plus humble et tendre fils.

Signé FERDINAND VII.

Et plus bas,

PIERRE CEVALLOS.

Bayonne, le 1.ᵉʳ mai 1808.

N.º VIII.

Lettre de CHARLES IV *à son fils* FERDINAND *VII.* (1)

Mon fils , les conseils perfides des hommes qui vous environnent , ont placé l'Espagne dans une situation critique : elle ne peut plus être sauvée que par l'Empereur. Depuis la paix de Bâle , j'ai senti que le premier intérêt de mes peuples, était de vivre en bonne intelligence avec la France. Il n'y a pas de sacrifices que je n'aye jugé devoir faire pour arriver à ce but important , même quand la France était en proie à des gouvernemens éphémères ; j'ai fait taire mes inclinations particulières, pour n'écouter que la politique et le bien de mes sujets. Lorsque l'Empereur des Français eut rétabli l'ordre en France , de grandes craintes se dissipèrent , et j'eus de nouvelles raisons de rester fidèle à mon système d'alliance. Lorsque l'Angleterre déclara la guerre à la France , j'eus le bonheur de rester neutre et de conserver à mes peuples le bienfait

---

(1) Après la publication de cet écrit, on a trouvé , dans les papiers de la junta du gouvernement, le brouillon de cette lettre de Charles IV , écrit en langue et caractères français. La lettre de S. M. en est une traduction exacte et littérale , et il n'y a de supprimé que les mots imprimés ici en caractères italiques. Il paraît donc que cette pièce fut fabriquée à Madrid par quelqu'un des agens français qui s'y trouvaient alors , puis soumise à Bayonne à l'approbation de l'Empereur qui la renvoya à Charles IV , pour qu'il eût à la copier et la transmettre au Roi son fils , comme l'expression de sa pensée et de sa volonté.

de la paix. L'Angleterre depuis saisit quatre frégates, et me fit la guerre avant même de me l'avoir déclarée.

Il me fallut repousser la force par la force : les malheurs de la guerre atteignaient mes sujets. L'Espagne , environnée de côtes , devant une grande partie de sa prospérité à ses possessions d'outre-mer, souffrit plus qu'un autre État de la guerre : la cessation du commerce et les calamités attachées à cet état de choses se firent sentir à mes sujets , plusieurs fois assez injustes pour les attribuer à moi et à mes ministres. J'eus la consolation du moins d'être assuré du côté de la terre , et de n'avoir aucune inquiétude pour l'intégrité de mes provinces, que seul de tous les souverains de l'Europe j'avais assurées au milieu des orages des derniers temps. Cette tranquillité , j'en jouirais encore sans les conseils qui vous ont éloigné du droit chemin : vous vous êtes laissé aller trop facilement à la haine que votre première femme portait à la France , et bientôt vous avez partagé ses injustes ressentimens contre mes ministres, contre votre mère , contre moi-même ; j'ai dû me ressouvenir de mes droits de père et de Roi , je vous fis arrêter. Je trouvai dans vos papiers la conviction de votre culpabilité ; mais, sur la fin de ma carrière ; livré à la douleur de voir mon fils périr sur l'échafaud , je fus sensible aux larmes de votre mère , et je vous pardonnai. Cependant mes sujets étaient agités par les rapports mensongers de la faction , à la tête de laquelle vous vous êtes placé. Dès ce moment je perdis la tranquillité de ma vie, et aux maux de mes sujets , je dus joindre ceux que me causaient les discussions de ma propre famille. On calomnia mes ministres auprès de l'Empereur des Français qui,

croyant voir les Espagnes échapper à son alliance ,
et les esprits agités même dans ma famille , couvrit
sous différens prétextes mes états de troupes. Tant
qu'elles restèrent sur la rive droite de l'Ebre, et
parurent destinées à maintenir la communication
avec le Portugal , je dus espérer qu'il reviendrait
aux sentimens d'estime et d'amitié qu'il m'avait toujours montrés ; quand j'appris que ses troupes s'avan-
çaient sur ma capitale , je sentis la nécessité de réunir
mon armée autour de moi pour me présenter à mon
auguste allié, avec l'attitude qui convenait au Roi
d'Espagne : j'aurais éclairci ses doutes et concilié mes
intérêts. J'ordonnai à mes troupes de quitter le Portugal et Madrid , et je les réunis de différens points
de la monarchie , non pour quitter mes sujets , mais
pour soutenir dignement la gloire du trône. Ma longue
expérience me fait comprendre d'ailleurs que l'Empereur des Français pouvait nourrir des désirs conformes
à ses intérêts , à la politique du vaste système du continent, mais qui pouvaient blesser les intérêts de ma
maison. Quelle a été votre conduite ? vous avez mis
en rumeur tout mon palais ; vous avez soulevé mes
gardes-du-corps contre moi ; votre père lui-même a
été votre prisonnier ; mon premier ministre , que
j'avais élevé et adopté dans ma famille , fut traîné
sanglant de cachots en cachots ; vous avez flétri mes
cheveux blancs ; vous les avez dépouillés d'une couronne portée avec gloire par un père , et que j'avais
conservée sans tache ; vous vous êtes assis sur mon
trône ; vous avez été vous mettre à la disposition du
peuple de Madrid , *que vos partisans avaient ameutés,*
et des troupes étrangères qui , au même moment,
y faisaient leur entrée. La conspiration de l'Escurial

était consommée, les actes de mon administration livrés au mépris public. Vieux et chargé d'infirmités, je n'ai pu supporter ce nouveau malheur. J'ai eu recours à l'Empereur des Français, non plus comme un Roi à la tête de ses troupes et environné de l'éclat du trône, mais comme un Roi malheureux et abandonné. J'ai trouvé protection et refuge au milieu de ses camps ; je lui dois la vie, celle de la reine et de mon premier ministre. Je vous ai suivi sur vos traces à Bayonne. Vous avez conduit les affaires de manière que tout dépend désormais de la médiation et de la protection de ce grand Prince. Vouloir recourir à des agitations populaires, arborer l'étendard des factions, c'est ruiner les Espagnes et entraîner dans les plus horribles catastrophes, vous, mon royaume, mes sujets et ma famille. Mon cœur s'est ouvert tout entier à l'Empereur ; il connaît tous les outrages qu'il a reçus et les violences qu'on m'a faites ; il m'a déclaré qu'il ne vous reconnaîtrait jamais pour Roi, et que l'ennemi de son père ne pouvait donner de confiance aux étrangers ; d'ailleurs il m'a montré des lettres de vous qui font foi de votre haine pour la France.

Dans cette situation, mes droits sont clairs, mes devoirs le sont encore davantage : épargner le sang de mes sujets, ne rien faire sur la fin de ma carrière qui puisse porter l'incendie et le ravage dans les Espagnes et les réduire à la plus horrible misère. Ah ! certes, si, fidèle à vos devoirs et aux sentimens de la nature, vous aviez repoussé des conseils perfides ; si, constamment assis à mes côtés pour ma défense, vous aviez attendu le cours ordinaire de la nature, qui devait marquer votre place dans peu

d'années , j'eusse pu concilier la politique , l'intérêt
de l'Espagne avec l'intérêt de tous. Sans doute, depuis
six mois , les circonstances ont été critiques ; mais
quelque critiques qu'elles fussent , j'aurais obtenu de
la contenance de mes sujets , des faibles moyens qui
me restaient encore , et sur-tout de cette force morale
que j'aurais eue en me présentant dignement à la
rencontre de mon allié , auquel je n'avais jamais
donné sujet de plainte , un arrangement qui eût
concilié les intérêts de mes sujets et ceux de ma
famille. En m'arrachant la couronne , c'est la vôtre
que vous avez brisée. Vous lui avez ôté ce qu'elle
avait d'auguste , ce qui la rendait sacrée à tous les
hommes ; votre conduite envers moi et vos lettres
interceptées ont mis une barrière d'airain entre vous
et le trône d'Espagne. Il n'est ni de votre intérêt ni
de celui des Espagnes que vous y prétendiez ; gardez-
vous d'allumer un feu dont votre ruine totale et le
malheur de l'Espagne seraient le seul et l'inévitable
effet. Je suis Roi , du droit de mes pères ; mon abdi-
dication est le résultat de la force et de la violence ;
elle est nulle , je n'ai donc rien à recevoir de vous.
Je ne puis adhérer à aucune réunion d'assemblée ;
c'est encore une faute des hommes sans expérience
qui vous entourent.

J'ai régné pour le bonheur de mes sujets , je ne
veux point leur léguer la guerre civile, les émeutes ,
les assemblées populaires et la révolution. Tout doit
être fait pour le peuple, et rien par lui. Oublier
cette maxime , c'est se rendre coupable de tous les
crimes qui dérivent de cet oubli. Toute la vie je me
suis sacrifié pour mes peuples, et ce n'est pas à l'âge
où je suis arrivé que je ferai quelque chose de con-

traire à leur religion , à leur tranquillité , à leur
bonheur. J'ai régné pour eux ; j'agirai constamment
pour eux : tous mes sacrifices seront oubliés , et lorsque
je me serai assuré que la religion des Espagnes, l'intégrité de mes provinces, leur indépendance et leurs priviléges seront maintenus , je descendrai dans le tom-
beau en vous pardonnant l'amertume de mes dernières
années.

Donné à Bayonne, dans le Palais Impérial appelé
du Gouvernement , le 2 mai 1808.

Signé CHARLES.

N.º I X.

*Lettre du Roi FERDINAND VII à son auguste
Père , en réponse à la précédente.*

Sire,

Mon respectable Père et Seigneur , j'ai reçu la
lettre que V. M. a daigné m'écrire en date d'avant-hier.
Je tâcherai de répondre à tous les articles qu'elle
contient, avec la modération et le respect qui sont
dûs à V. M.

V. M. veut d'abord justifier sa conduite politique
envers la France depuis la paix de Bâle. A la vérité
je ne crois pas que personne s'en soit plaint en
Espagne; au contraire , tout le monde, de commun
accord, a fait les plus grands éloges de V. M. pour
la constance et la loyauté qu'elle a montrées dans
les principes qu'elle avait adoptés. Les miens sont
sur cet article entièrement conformes à ceux de V. M.,
et j'en ai donné des preuves sans réplique depuis

le moment que V. M. abdiqua la couronne en ma faveur.

V. M. cherche à me faire entendre que le procès de l'Escurial dut son origine à la haine que mon épouse m'avait inspirée contre la France , contre les ministres de V. M., contre ma très-aimée mère , et contre V. M. elle-même. Si l'on eût suivi dans ce procès toutes les formes légales , il aurait précisément prouvé tout le contraire. Cependant , malgré que je ne jouissais que d'une apparence de liberté, que je n'avais la moindre influence en rien , et que j'étais gardé à vue par les domestiques placés auprès de moi par V. M. , les onze conseillers choisis également par V. M. déclarèrent unanimement qu'il n'y avait pas lieu à accusation, et que les prétendus criminels étaient innocens. V. M. parle de la méfiance avec laquelle elle voyait l'entrée de tant de troupes étrangères en Espagne. V. M. ajoute qu'en appelant celles du Portugal, et en réunissant à Aranjuez et ses environs celles qu'il y avait à Madrid, elle voulait défendre la gloire du trône et non pas abandonner ses sujets. Que V. M. souffre que je lui dise qu'elle ne devait pas trouver étrange l'entrée des troupes qui étaient des alliées et des amies, et qui, sous ce rapport devaient lui inspirer une entière confiance; Que V. M. me permette aussi de lui observer que les ordres de V. M. étaient relatifs à son voyage et à celui de la famille royale à Séville; que des troupes étaient chargées de la sûreté de la même route ; et qu'il n'y eût pas une seule personne qui doutât que le but de tous préparatifs était le départ de V. M. et de sa famille royale pour l'Amérique. V. M. même rendit un décret pour tranquilliser ses sujets à cet égard ; mais comme toutes les voitures continuaient à être en réquisition, les relais sur la route, et que les dispositions d'un prochain voyage sur les côtes de l'Andalousie ne se ralentissaient pas, le désespoir s'empara de tous les cœurs, et le mouvement d'Aranjuez éclata. V. M. sait que je n'y eus d'autre part que celle d'aller, par son ordre, sauver de la fureur du peuple l'objet de sa haine, parce qu'il le croyait l'auteur du voyage.

Que V. M. le demande à l'Empereur des Français, et S. M. I. lui répondra sans doute dans les mêmes termes qu'elle m'écrivit à Vittoria ; savoir, que le but du voyage de S. M. I. et R. à Madrid était de porter V. M. à quelques réformes et à ce qu'elle éloignât de sa personne le Prince de la Paix, dont l'influence était l'origine et la cause de tous les maux.

L'enthousiasme que son arrestation produisit dans toute la nation est une preuve évidente de ce que l'Empereur disait. Du reste, V. M. est témoin que dans l'émeute d'Aranjuez, on n'entendit pas un seul mot contre V. M. ni contre aucune personne de la famille royale ; car, au contraire, V. M. fut applaudie au milieu des marques les plus éclatantes de joie et de fidélité envers son auguste personne. Cela est d'autant plus vrai, que l'abdication que V. M. fit en ma faveur causa la plus grande surprise à tout le monde et à moi-même, parce que personne ne s'y attendait, et que personne ne l'avait demandée. V. M. même fit part de son abdication à tous ses ministres en me faisant reconnaître par eux comme leur Roi et leur Seigneur naturel. V. M. en fit part verbalement au corps diplomatique, qui résidait auprès de sa personne.

personne, en ajoutant que sa résolution venait de sa volonté libre, et qu'elle était *prise* d'avance. V. M. en dit autant à son trè-cher frère l'Infant don Antoine, en lui assurant que la signature que V. M. avait apposée au décret d'abdication était celle qui lui avait fait le plus de plaisir dans toute sa vie. Enfin, V. M. me dit à moi-même, trois jours après, que je ne crusse pas que l'abdication avait été forcée, comme quelqu'un le supposait ; mais qu'elle avait été libre et spontanée.

Ma prétendue haine contre la France, bien loin de paraître de quel côté que ce soit, se convertira en un effet contraire par les faits que je vais parcourir rapidement.

A peine V. M. eut-elle abdiqué la couronne en ma faveur que j'adressai d'Aranjuez différentes lettres à l'Empereur des Français, lesquelles sont autant d'assurances que mes principes sur les relations d'amitié et d'alliance intime qui régnaient heureusement entre les deux états, étaient les mêmes que V. M. m'avait inspirés et qu'elle avait fidèlement observés. Ma translation à Madrid fut une des plus grandes preuves que j'eusse pu donner à S. M. I. et R. de la confiance sans bornes qu'elle m'inspirait ; car étant entré la veille à Madrid, le prince Murat ayant une grande partie de son armée, et la ville se trouvant sans garnison, c'était comme si je me livrais à lui. Deux jours après mon arrivée dans la capitale, on me rendit compte de la correspondance particulière de V. M. avec l'Empereur des Français, et je trouvai que V. M. lui avait récemment demandé pour moi la main d'une princesse de sa famille, afin de resserer par ce moyen l'union et l'alliance intime qui régnaient entre les deux états. D'après ces principes, et me conformant entièrement à la volonté de V. M., j'écrivis à l'Empereur en lui demandant aussi la main de la princesse.

J'envoyai une députation à Bayonne pour complimenter en mon nom S. M. I. et R. ; je fis partir, peu de jours après, mon cher frère l'Infant don Charles, pour qu'il lui rendît ses devoirs dans la frontière. Non content de cela, je sortis moi-même de Madrid, d'après les assurances que m'avait données l'ambassadeur de S. M. I. et R., le Grand-Duc de Berg, et le général Savary qui venait d'arriver de Paris, et qui me demanda une audience pour me dire de la part de l'Empereur que S. M. I. et R. ne désirait savoir autre chose de moi que si mon système à l'égard de la France était le même que celui de V. M. ; dans lequel cas l'Empereur me reconnaîtrait comme Roi d'Espagne, et ferait abstraction de tout le reste. Plein de confiance dans ses promesses, et très-persuadé que je rencontrerais en route S. M. I., je vins jusque dans cette ville; et, le jour même de mon arrivée on fit à quelques personnes de ma suite des propositions verbales si contraires à tout ce qui avait été dit jusqu'alors, qu'il ne m'a pas été permis d'y accéder. Tout me le défendait : mon honneur, ma conscience, les obligations que je contractai lorsque les *Cortès* me jurèrent pour leur Prince et Seigneur ; celles que je contractai nouvellement lorsque j'acceptai la couronne que V. M. eut la bonté d'abdiquer en ma faveur.

Je ne conçois pas comment l'Empereur peut avoir des lettres de moi qui prouvent ma haine contre la France , puisque je n'ai fait que lui donner des preuves d'amitié , et que je n'ai rien écrit qui puisse les faire soupçonner.

Dernièrement on m'a montré une copie de la protestation que **V. M.** a faite à l'Empereur sur la nullité de l'abdication. Lorsque **V. M.** arriva dans cette ville , je lui en parlai. **V. M.** me répondit que l'abdication avait été volontaire ; mais pas pour toujours. Je lui demandai en même temps pourquoi **V. M.** ne m'avait pas averti de cela dans le temps , et **V. M.** me répondit que c'était parce qu'elle n'avait pas voulu ; d'où il résulte que l'abdication ne fut pas forcée , et que je n'ai pu savoir si **V. M.** voulait reprendre les rênes du gouvernement. **V. M.** me répondit aussi qu'elle ne voulait ni régner ni retourner en Espagne.

Malgré tout cela , dans la lettre que j'eus l'honneur de remettre à **V. M.** , je lui disais que j'étais prêt à abdiquer la couronne en sa faveur , en vertu de l'abdication des *Cortès* , ou à leur défaut des conseils et des députés du royaume , non pas que je croie cette formalité nécessaire pour faire valoir l'abdication , mais je pense qu'elle pourrait fort bien rendre la nouveauté moins choquante , puisque , par sa nature même , elle peut produire des commotions et faire naître des partis. Elle me paraît également utile pour sauver toutes les considérations qui sont dues à la dignité de **V. M.** , a mon honneur et à la tranquillité des royaumes.

Si **V. M.** ne veut pas régner par elle-même , je régnerai en son nom royal , ou au mien , parce qu'il n'appartient qu'à moi de représenter votre personne. J'ai, en ma faveur, le vœu des lois et des peuples, et personne ne peut s'intéresser autant que moi à leur prospérité.

Je le répète de nouveau à V. M., dans ces circonstances, et sous de telles conditions, je serai prêt à accompagner V. M. en Espagne, afin d'y faire une abdication dans les termes indiqués plus haut. A l'égard de ce que V. M. m'a dit de ne pas vouloir retourner en Espagne, je lui demande, les larmes aux yeux, et par ce qu'il y a de plus sacré dans le ciel et sur la terre, que si elle ne veut pas régner en effet, elle n'abandonne pas un pays qui lui est connu, dans lequel elle pourra choisir le climat qui sera le plus analogue à sa santé délabrée, et dans lequel j'assure V. M. qu'elle pourra jouir de plus de tranquillité d'esprit que dans aucun autre.

Enfin je prie en grâce V. M. de vouloir bien se pénétrer de notre situation actuelle : il s'agit d'exclure pour toujours notre dynastie du trône d'Espagne et d'y substituer l'Impériale de France ; cela ne peut pas se faire sans le consentement exprès de toutes les personnes qui ont droit et qui peuvent en avoir à la couronne, et sans un pareil consentement exprès de la nation espagnole réunie en *Cortès* et dans un endroit sûr. Outre cela nous sommes dans un pays étranger ; personne ne pourra croire que nous agissons librement, et cette seule considération rendrait nul tout ce que nous ferions, et pourrait avoir des conséquences funestes.

Avant de terminer cette lettre, que V. M. souffre que je lui dise que les conseillers que V. M. appelle perfides ne m'ont jamais rien conseillé qui puisse s'écarter du respect, de la tendresse et de la vénération que j'ai eue et que j'aurai toujours pour V. M., dont je prie Dieu de conserver l'intéressante vie durant de longues et heureuses années. Sire, A. D. R. de V. M. son plus humble fils.

Signé FERDINAND.

Bayonne, le 4 mai 1808.

N.º X.

Lettre du Roi notre Seigneur à son Père CHARLES IV.

Mon respectable Père et Seigneur, le premier de ce mois je mis entre les mains de V. M. la renonciation de ma couronne en sa faveur; j'avais cru qu'il était de mon devoir d'y faire quelques modifications convenables aux égards dus à V. M., à la tranquillité de mes états et à la conservation de mon honneur et de ma réputation. C'est avec la plus grande surprise que j'ai vu l'indignation qu'ont produit dans V. M., des modifications uniquement dictées par l'honneur, et commandées par la tendresse que je dois à mes sujets. Pour cela seul V. M. a cru devoir m'outrager en présence de ma respectable mère et de l'Empereur, en me prodiguant les épithètes les plus humiliantes; non contente de cela, V. M. exige que je dresse la renonciation sans aucune restriction ni condition, si je ne veux pas être traité, avec toutes les personnes de ma suite, comme des conspirateurs : d'après cela, je fais la renonciation que V. M. me commande, afin que le gouvernement de l'Espagne retourne à l'état où il se trouvait le 19 mars, jour que V. M. fit l'abdication spontanée de sa couronne en ma faveur.

Dieu garde l'intéressante vie de V. M. et les longues années que désire, prosterné devant V. M., son plus respectueux et plus humble fils.

Signé FERDINAND,

Et plus bas,

PIERRE CEVALLOS.

Bayonne, le 6 mai 1808.

N.º XI.

NOTE du Ministre des Relations Extérieures de France, M. de Champagny, en réponse à une autre de Don Pierre Cevallos, dans laquelle celui-ci se plaignait de ce qu'un courrier de cabinet, expédié par ordre du Roi Ferdinand VII, avec des dépêches pour Madrid, avait été arrêté, et en même temps il le priait de viser un passe-port pour un autre.

Le Ministre des Relations extérieures a reçu la note que M. de Cevallos lui a fait l'honneur de lui adresser, au sujet de l'empêchement mis au courrier de S. Exc. Cette mesure a été la suite de la notification que S. M. lui avait donné l'ordre de faire, qu'elle ne reconnaissait que le roi Charles IV : de-là résultait la conséquence que l'Empereur ne peut admettre sur son territoire aucun acte ou passe-port donné au nom d'un autre roi. C'est par ce motif que le Ministre ne peut pas viser le nouveau passe-port que lui envoie M. de Cevallos ; mais il s'empresse de le prévenir que toutes les lettres, dont son courrier était porteur, ont été confiées à la poste française qui les remettra à Burgos et à Madrid avec la plus grande exactitude, et qu'il en sera ainsi de toutes celles que les Espagnols qui sont en France ou en Espagne voudront faire passer, soit par la poste ordinaire, soit par la poste française. Elles seront transmises avec la plus grande exactitude et la plus grande sévérité ; et la correspondance des deux contrées, loin d'en éprouver aucun obstacle, en acquerra une nouvelle activité.

M. de Champagny, en transmettant par ce billet cet avis à M. de Cevallos, s'empresse de lui offrir l'assurance de sa plus haute considération (1).

Bayonne, le 29 avril 1808.

N.º XII.

Démission que S. Exc. D. Pierre Cevallos donna, de sa place de Ministre des Relations extérieures, à Joseph Napoléon, le 18 Juillet 1808.

S I R E,

Lorsque V. M. eut la bonté de m'inviter à continuer mes fonctions dans le ministère des affaires étrangères, je crus devoir lui soumettre quelques réflexions d'après lesquelles, ni V. M. ne pouvait avoir en moi la moindre confiance, ni moi la moindre assurance de la protec-

----

(1) Pendant que l'Empereur tâchait de porter le Roi à renoncer à la couronne en sa faveur, on ne fit pas la moindre difficulté pour viser les passe-ports que je donnais en son nom, mais lorsque le gouvernement français vit toutes ses espérances s'évanouir, il refusa le visa à tous les courriers.

tion de V. M., puisque je me voyais outragé et soigneusement observé de l'Empereur votre auguste frère, et
que je devais craindre que son influence sur le cœur
de V. M., ne pût m'être favorable en aucune manière

V. M. persista dans sa résolution, en me disant qu'elle
voulait avoir autour d'elle des personnes aimées de la
nation. Cependant, comme je ne désirais autre chose
que de retourner dans ma chère patrie (ce qui m'avait
été refusé malgré deux mois de sollicitations inutiles
auprès de S. M. I. et R.), je me vis forcé à accepter la
nomination de V. M., afin de mettre un terme à la
cruelle séparation dans laquelle je me trouvais de ma
famille et de mes compatriotes; sauf le droit que personne ne doit perdre de vue, de suivre le vœu de la
majorité de la nation, en cas que celle-ci ne voulût
pas reconnaître V. M. pour son souverain.

Dernièrement, j'ai fait voir à V. M. que l'Espagne,
presqu'unaniment, ne veut pas la reconnaître en cette
qualité. Si ce titre manque, il n'y en a point d'autre
en vertu duquel V. M. puisse être souverain de ces
royaumes. Cela posé, je trahirais mes principes, si je
continuais à exercer un emploi que j'ai accepté par
l'empire des circonstances, et non par l'envie d'avoir
la moindre influence sur le gouvernement de V. M.
J'en donne ma démission, et je vais dans ma retraite
consacrer à ma triste patrie mes vœux et mes larmes
sur les maux auxquels je voudrais porter remède, pour
le bonheur d'une nation noble, généreuse, loyale et
courageuse.

ADDITION

Sur la manière dont le Grand-Duc de Berg surprit la junta de Gouvernement, pour se faire livrer la personne du détenu Don Emmanuel Godoy.

Dès que le Grand-Duc de Berg, lieutenant des armées de l'Empereur, mit les pieds dans le territoire d'Espagne, il eut le plus grand soin de répandre qu'il venait faire notre bonheur, et annonça quelques réformes utiles dans notre gouvernement. Il faisait entendre avec art qu'il protégeait la cause du prince des Asturies, et qu'il écarterait le prince de la Paix, objet de la haine universelle de la nation. Il insinua aussi quelque chose relativement à la grande influence que la reine avait dans les affaires. Il savait très-bien qu'il n'en fallait pas davantage pour se concilier la bienveillance de tous les Espagnols opprimés. Comme sa mission était dirigée au résultat qu'on a vu par la suite, il faut avouer que le calcul de l'Empereur des Français son maître n'était pas dénué de fondement.

Cependant, toutes les affaires de ce monde étant sujettes à des changemens, les mouvemens à jamais mémorables d'Aranjuez eurent lieu et bouleversèrent tout le plan de l'Empereur. A peine le Grand-Duc eut-il appris ces événemens, qu'il changea de batterie et affecta de prendre un grand intérêt au sort de don Emmanuel Godoy, avec lequel il avait suivi la correspondance la plus intime, quoiqu'ils ne se connussent pas personnellement.

Il pénétra aisément la grande envie que les anciens rois avaient de sauver leur favori; par conséquent, il commença sur-le-champ à faire tous ses efforts pour le tirer de prison. Ils furent inutiles pendant le séjour à Madrid de notre bien-aimé Ferdinand VII. Le Grand-Duc ne perdit pas courage pour cela ; car à peine eut-il appris l'arrivée du Roi à Burgos, qu'il renouvela ses démarches pour obtenir ce qu'il voulait, avec menaces, en cas de refus, d'appeler la force qu'il avait à sa disposition.

Cependant, la junta opposa de la résistance aux premières attaques, et demanda au Roi le parti qu'elle devait prendre dans des circonstances aussi critiques. S. M. voulut bien lui faire part de ce qu'elle venait de répondre sur le même sujet à l'Empereur des Français, qui avait demandé directement à S. M. l'élargissement du détenu. La teneur de cette réponse est ainsi qu'il suit :

« Le Grand - Duc de Berg et l'ambassadeur de
» V. M. I. et R. ont demandé verbalement différentes
» fois que don Emmanuel Godoy, détenu pour crime
» d'état au château de Villa-Viciosa, fût mis à la dis-
» position de V. M.

» Il n'y aurait rien de plus flatteur pour moi que de
» pouvoir accéder à cette demande ; mais les consé-
» quences de cette démarche peuvent être d'une telle
» importance, que je me vois dans la nécessité de les
» soumettre à la prudence de V. M.

» Par une suite de l'obligation où je suis de rendre
» justice à mes peuples, j'ai ordonné au tribunal le
» plus respectable de mon royaume de juger, d'après
» les lois, don Emmanuel Godoy, prince de la Paix.

» J'ai promis à mes peuples de publier le résultat
» d'un procès duquel dépend la réparation de l'hon-
» neur d'un grand nombre de mes sujets et la préser-

» vation des droits de ma couronne; il n'y a pas, dans
» toute l'étendue de nos états, jusqu'au plus petit
» village qui ne m'ait porté plainte contre le détenu.
» Tous mes sujets se livrèrent à la joie la plus extraor-
» dinaire, lorsqu'ils apprirent la nouvelle de l'arresta-
» tion de don Emmanuel Godoy, et ils ont tous les
» yeux sur la procédure et la décision de son sort.

» V. M., qui est aussi sage législateur que vaillant
» guerrier, pourra facilement peser toutes ces considé-
» rations. Cependant, si V. M. s'intéresse à l'existence
» de don Emmanuel Godoy, je lui engage ma parole
» royale, par égard à la médiation de V. M. I., de lui
» faire grâce de la vie dans le cas où, après l'examen
» le plus approfondi, il serait condamné à la peine de
» mort.

» Dieu garde la vie de V. M. I. plusieurs années.

Signé FERDINAND.

» Vittoria, le 18 avril 1808. »

Le même jour j'écrivis à la junta, par ordre du Roi :
« que si le Grand-Duc faisait de nouvelles démarches
» en faveur de Godoy, elle répondit que cette affaire
» se négociait entre les deux souverains, et qu'elle dé-
» pendait exclusivement de la résolution du Roi. »
S. M. apprit ensuite que les anciens Rois, mal ins-
truits sans doute, s'étaient plaints au Grand-Duc des
mauvais traitemens que le Prince de la Paix essuyait
dans sa prison. En conséquence, malgré qu'elle étai
très-sûre de la délicatesse du marquis de Castellan à cet
égard, elle m'ordonna de lui recommander le plus
grand soin de la santé du détenu, ce que je fis le
même jour.

Aussitôt que l'Empereur reçut la lettre du Roi notre Seigneur, il en abusa avec la supercherie qui le caractérise. Il écrivit au Grand-Duc de Berg, que le prince des Asturies avait mis à sa disposition le détenu don Emmanuel Godoy, et lui ordonna de le réclamer fortement. C'en fut assez pour que Murat, naturellement violent et audacieux, fît passer la note suivante à la junta de gouvernement.

« S. M. l'Empereur et Roi ayant fait part à S. Exc.
» le Grand-Duc de Berg, que S. A. R. le prince des
» Asturies venait de lui écrire, en lui disant qu'il le
» rendait maître du sort du Prince de la Paix, S. Alt.
» me charge en conséquence d'instruire la junta des
» intentions de l'Empereur, lequel lui réitère l'ordre
» de demander la personne de ce Prince, et de l'en-
» voyer en France.

» Cette résolution du prince des Asturies n'est peut-
» être pas parvenue encore à la junta. Dans ce cas, il
» est facile de s'apercevoir que S. A. R. aura attendu
» la réponse de S. M. l'Empereur; mais la junta com-
» prendra, que répondre au Prince des Asturies, ce
» serait résoudre une question d'une autre nature, et
» il est déjà décidé que S. M. I. ne peut reconnaître
» que Charles IV.

» Je prie donc la junta de vouloir bien prendre cette
» note en considération, en ayant la bonté de me
» répondre à ce sujet, afin que je rende compte à
» Son Altesse le Grand-Duc de la résolution qu'elle
» prendra.

» Le Gouvernement et la nation espagnole ne
» trouveront dans cette détermination de S. M. I. que
» de nouvelles preuves de l'intérêt qu'elle prend à
» l'Espagne; car en éloignant le Prince de la Paix,

» elie veut ôter à la malveillance les moyens de croire
» possible que Charles IV rendît le pouvoir et sa
» confiance à celui qui doit l'avoir perdue pour tou-
» jours. D'ailleurs, la junta de gouvernement rend
» certainement justice à la noblesse des sentimens de
» S. M. l'Empereur, qui ne veut pas abandonner son
» fidèle allié.

» J'ai l'honneur d'offrir à la junta l'assurance de ma
» haute considération.

» *Le Général en chef de l'Etat-major-général*,

» *Signé* Auguste BELLIARD.

» Madrid, le 10 avril 1808. »

Il ajouta verbalement des menaces si atroces, si
inouïes, que la junta, craignant sans doute qu'il ne
les réalisât, et que la tranquillité de Madrid ne fût
compromise, eut la faiblesse d'accorder la demande, et
ordonna au marquis de Castellan, de la part du Roi,
de livrer le détenu dans la même nuit. Il le fit en effet,
mais avec la plus grande répugnance de sa part et de
celle des autres officiers qui le gardaient.

Pour rendre hommage à la vérité, il faut dire que
le bailli Fr. don François Gil, secrétaire d'état et de
dépêches de marine, et en cette qualité, membre de la
junta de gouvernement, s'opposa à ce que le détenu
fût livré, par la raison que le Roi n'autorisait point
cette mesure.

Après des faits aussi positifs que ceux qu'on vient
de développer, il n'est pas facile de concevoir comment
la junta de gouvernement dit au Conseil et au public,
par deux gazettes extraordinaires, que le Prince de la
Paix avait été livré par ordre du Roi. Il est également

inconcevable comment la junta tâcha de couvrir sa
faiblesse en tronquant des phrases de la correspondance
officielle, comme, par exemple, la note qu'il passa au
Conseil et que le Tribunal cite dans son Manifeste, page
14, édition *in-4.*°, qui est ainsi conçue :

« Pour ce qui regarde le détenu D. Emmanuel Godoy,
» le Roi m'ordonne de dire à la junta, afin qu'elle
» fasse de cet avis l'usage convenable, que S. M. a trop
» d'égards pour les désirs de l'Empereur des Français
» pour ne pas le satisfaire, et que d'un autre côté elle
» use de générosité avec un criminel qui l'a offensé
» personnellement. »

Il ne faut pas y réfléchir beaucoup pour remarquer
que dans cet ordre supposé, il n'est pas question de l'élargissement du détenu ; mais uniquement de la générosité
dont le Roi voulait en user avec lui par égard pour
l'Empereur. Pour savoir de quelle nature était cette
générosité, il ne faut que relire le décret que S. M.
adressa au Conseil, et que le Tribunal inséra dans son
Manifeste, pag. 15, même édition. Le même jour
18 avril, j'écrivis, d'ordre du Roi, au marquis de
Castellan, que malgré que S. M. fût instruite de l'erreur
des anciens Rois, il eût à veiller sur la santé du détenu.
Or, si le Roi eût ordonné en même temps à la junta
de gouvernement de le mettre en liberté, l'avis au
marquis de Castellan était non-seulement déplacé,
mais même ridicule.

D'ailleurs, lorsque la junta de gouvernement rendit
compte au Roi des motifs et des considérations qu'elle
avait eus pour mettre en liberté le détenu, qui étaient
les mêmes que je viens de citer, S. M. m'ordonna de
lui répondre ainsi qu'il suit :

« Le Roi est instruit des motifs que la junta de

» gouvernement a eus pour livrer le détenu sans son
» ordre. »

Don Eusèbe de Bardari et Azara et Louis d'Onis,
premiers commis du premier bureau d'état et des
dépêches de S. M., et ses secrétaires en exercice de
décrets, certifient l'autorité de cette note de la junta et
celle de la réponse du Roi. L'une et l'autre ont passé
par leurs mains.

J'ai cru qu'il était de mon devoir de publier ces faits,
afin que toute la nation apprît ce qui donna lieu à
livrer Don Emmanuel Godoy ; mesure qui, faussement,
fut attribuée à un ordre de S. M. Le Roi ne pensa
jamais à manquer à la promesse solennelle qu'il avait
donnée à ses chers sujets de le juger d'après les lois. Je
les publie aussi ces faits pour que le peuple redouble
la tendresse exquise que si justement il a vouée à notre
bien-aimé Roi Ferdinand VII, que Dieu veuille nous
rendre au plutôt pour mettre le comble à notre
bonheur.

Signé Pierre CEVALLOS.

Don Eusèbe de Bardari et Azara et Louis d'Onis,
secrétaires du Roi notre Seigneur en exercice de décrets,
et premiers commis du premier bureau d'état et de
dépêches, certifions être authentiques la note de la
junta de gouvernement et la réponse que le Roi y fit.
Elles sont conçues dans les termes que S. Exc. Don
Pierre Cevallos rapporte dans son Exposition, et l'une
et l'autre ont passé dans nos mains, en foi de quoi
nous signons le présent.

A Madrid, le 3 septembre 1808.

Signé Eusèbe DE BARDARI et AZARA,
et Louis D'ONIS.

Notice sur la Reine d'Etrurie.

La fille du Roi d'Espagne, privée de ses états, et indignement jouée par Napoléon qui lui avait adressé les lettres les plus flatteuses, avait été obligée de se retirer à Nice où elle vivait en simple particulière. Quelques-uns de ses amis formèrent le projet de la soustraire aux vexations de Buonaparte : un officier se rendit à Palerme pour s'occuper de son enlèvement avec les Anglais; un autre, le prince de la Tosta, partit pour la Hollande, pour entretenir une correspondance avec l'Angleterre, et il rendait compte de ses opérations à la reine d'Etrurie, par des lettres écrites en chiffres, et qui lui parvenaient sous le couvert de M. Maurice Basso, négociant de Nice. Quelque imprudence du prince donna l'éveil à la police. Le prince fut arrêté à Paris, et M. Joliclerc, commissaire de police à Gênes, fit enlever, la veille du dimanche des Rameaux de l'an 1811, d'abord la Reine d'Etrurie, qui fut conduite à Rome dans un monastère où elle est demeurée fermée jusqu'à présent : ensuite le fils de la reine, qui fut conduit à Marseille, près de son grand-père; enfin l'officier qui était allé à Palerme, et dont

j'ai

j'ai oublié le nom, M. Luigi Manucci, premier écuyer de la Reine, M. Gaetan Vighi, son homme d'affaire, et M. Maurice Basso, lesquels furent transférés à Paris par diverses routes.

Napoléon, par un décret de juin 1811, nomma une commission militaire pour juger tous ces individus. Le prince de la Tosta et l'officier de Palerme furent condamnés à mort, et les autres mis en liberté, comme ignorant absolument la correspondance de la Reine. Le prince était déjà au Champ-de-Mars quand il reçut sa grâce ; mais il mourut quelques jours après à Ste-Pélagie, entre les bras du brave Franchet de Lyon. MM. Manucci, Vighi et Basso, furent mis en liberté, en vertu du jugement de la commission, le 21 juillet, et on leur dit de se présenter le lendemain à la police, pour obtenir des passe-ports. Ils s'y rendirent, en effet ; et pendant qu'ils croyaient qu'on était occupé à rédiger leur feuille de route, on alla chercher une voiture, pour les conduire à la prison de la Force. Quelque temps après, on leur fit entendre que l'Empereur ne jugeant pas prudent de les renvoyer à Nice, avait décidé de les retenir encore six mois. Ces pauvres malheureux

K

se résignèrent à cette décision, espérant d'être enfin libres le 21 janvier 1812. Déjà ils avaient annoncé cette bonne nouvelle à leur famille ; mais ils furent encore retenus en prison jusqu'au milieu de mai ; encore ne mit-on en liberté que MM. Basso et Vighi : le jeune écuyer Manucci, que l'on ne voulait pas même mettre en jugement, tant on était persuadé de son innocence, eut l'affliction de voir partir ses compagnons d'infortune, et il est resté prisonnier jusqu'à ce moment ; sa piété admirable lui faisant trouver ses fers légers. On m'a prévenu que cet intéressant jeune homme employait les premiers loisirs de sa liberté, à la rédaction d'un Mémoire sur les indignités de Buonaparte à l'égard de sa vertueuse Souveraine.

LETTRE

*Du général **Palafox** au général français
L....., qui le sommait de se soumettre
au roi **Joseph**.*

Monsieur,

» Les évènemens qui se sont passés depuis
deux mois, auraient dû vous faire sentir
qu'en m'écrivant, vous ne pouviez vous dis-
penser de me parler le langage du bon sens,
de la raison et de l'honneur. Si les autres nations de l'Europe avaient pensé et agi comme
nous, vous ne seriez point ici : mais, tant
qu'il plaira à Dieu de vous y laisser pour
l'expiation de nos péchés, nous vous appren-
drons du moins à nous respecter.

» Vous me conjurez de poser les armes,
au nom du bonheur de l'Espagne; et depuis
quand, je vous prie, le chef actuel de la
France prend-il un si vif intérêt au sort d'une
nation qui, de toutes celles de l'Europe,
devrait lui être la plus étrangère par son
esprit religieux, ses mœurs, ses habitudes,
par sa fidélité sur-tout envers son légitime
Souverain ? Les Espagnols, il est vrai,

voyagent peu; mais, avant même que votre empereur fût venu chez eux leur prêcher, *à coups de baïonnettes*, ses maximes sur le *bonheur*, ils connaissaient parfaitement l'espèce de celui qu'il avait donné à la Hollande, à l'Italie, à la Suisse, à l'Allemagne, à la Pologne, à ses alliés sur-tout, et à ses malheureux sujets eux-mêmes, qu'il traîne enchaînés sur nos frontières, pour y planter ses drapeaux souillés du sang de toute l'Europe. Quel bonheur, grand Dieu! que celui qui nous est offert par l'héritier universel de toute la révolution française? Tout féroce qu'était Attila, il avait dans l'ame plus de véritable grandeur que celui qui vous lance sur nous pour nous dévorer, car Attila annonçait hautement les projets de son ambition. En entrant en Italie, il ne s'était point proclamé son ami, son allié; les Huns ne s'appelaient point eux-mêmes *la grande nation*; l'Italie ne leur avait pas, comme nous, ouvert pendant douze ans ses trésors, donné ses flottes, confié ses armées..... Le terrible conquérant, cependant, saisi de respect à la vue du pape Léon-le-Grand, baissa devant lui son épée ensanglantée, et Rome fut épargnée; ajoutez que le Pontife

n'avait point quitté son siége pour aller couronner Attila ; ce dernier, néanmoins malgré
ce trait qui l'honore, fut surnommé *le fléau
de Dieu*. Quel nom, Monsieur, la postérité
donnera-t-elle au vôtre ?

» Vous me conjurez de poser les armes
pour assurer le *repos* de l'Espagne.... Et qui
l'a troublé, ce repos ? Depuis Ferdinand-le-
Catholique jusqu'au jour où vous avez mis le
pied sur cette terre, notre tranquillité n'a été
troublée qu'une seule fois : ce fut quand nous
nous battîmes contre la moitié de l'Europe
pour assurer le trône de toutes les Espagnes
et des Deux-Indes à un prince de votre
nation ; c'est pour nous récompenser sans
doute de ces généreux efforts, que, pour
notre *repos* et notre gloire, vous voulez aujourd'hui substituer un Corse au petit-fils de
Henri IV et de Louis XIV ?

» Vous prétendez que le peuple espagnol
est égaré par ses moines ; j'avoue que ceux-
ci, jusqu'à présent, se sont montrés très-
actifs, et qu'ils n'ont pas peu contribué à faire
chasser Junot-Abrantès du Portugal , et don
Joseph de Madrid. Mais quand tous les reproches qu'on fait aux moines depuis l'existence des ordres religieux seraient aussi fondés

qu'ils le sont peu, nous croyons que ce seul service qu'ils ont rendu à l'Espagne et à *toute l'Europe*, suffirait pour les réconcilier avec tout véritable ami du bon ordre et de l'humanité.....

» Vous terminez, Monsieur. votre longue et singulière épître par des menaces; les plaines de l'Aragon, et les quarante-deux assauts de Sarragosse, ont dû vous prouver que le cœur des Espagnols n'est pas plus accessible à la crainte qu'à la corruption. Vous parlez ensuite de *guerre intermi- nable;* quant à cela il faut vous rendre justice : nous savons que vous avez une patience à toute épreuve, car, depuis vingt ans que durent vos convulsions, il ne serait guère possible d'imaginer un mal, soit physique, soit moral, auquel vous ne vous soyez soumis. Votre Roi, le plus honnête homme peut-être qui fût parmi vous, a été traîné à l'échafaud après avoir été abreuvé pendant quatre ans des plus lâches et des plus infâmes outrages....; vous l'avez vu sans murmurer. Le sang de vos plus dignes citoyens a été versé à flots par une poignée de scélérats....; vous l'avez vu sans murmurer. Les crimes les plus atroces ont souillé pendant sept ans toute la surface de la France.... ; vous l'avez vu et entendu sans murmurer. Trois cent soixante de vos prêtres ont été égorgés, dans un seul jour, dans la grande capitale, et vous l'avez vu sans murmurer. Vous avez pendant quinze ans changé de gouvernement et de joug aussi souvent qu'il a plu à vos geoliers de vous les imposer.... ; et vous avez toujours courbé vos têtes sans murmurer. Depuis huit ans on vous traîne des bords du Nil à ceux de la Vistule, et de la Vistule à l'Ebre et au Tage, en vous laissant faucher comme l'herbe des champs..... ; pas un mot, pas un mouvement pour rompre cette horrible servitude. Oui, Français, vous êtes devenus le peuple le plus *patient* sous vos tyrans ; et je ne doute pas que vous ne vous prêtiez à toutes les impulsions qu'on va vous donner pour ensanglanter ma malheureuse patrie. Sachez que nous sommes aussi patiens que vous ; mais que la patience qui nous caractérise, part d'un principe bien autrement pur et sacré que la vôtre. Le sort peut trahir *un moment* la sainte justice de notre cause, mais jamais, non jamais vous ne gagnerez nos cœurs tant que vous serez les instrumens de l'oppression. Souvenez-vous qu'une petite peuplade d'Espagnols chrétiens, réfugiés dans les montagnes des Asturies, a bravé pendant sept siècles toute la puissance des Maures, et que ces Maures.... ont fini par être chassés de toutes les Espagnes.

Signé PALAFOX, général en chef de l'armée du royaume d'Aragon.